AI와 사이버 뮤지엄

AI문고

인공지능 시대입니다. 기계가 인간의 인지를 대신하고, 사물이 인간을 통하지 않고 다른 사물과 직접 커뮤니케이션합니다. 이에 따른 인간 삶과 문명 변화를 정확히 이해·예측·대응하는 것은 이 시대 우리 모두의 과제입니다. AI문고는 인공지능 기술과 환경의 여러 주제를 10가지 키워드로 정리합니다. 관련 개념과 이론, 학계와 산업계의 쟁점, 우리 일상의 변화를 다룹니다. 인간과 기술의 현재, 미래를 세심히 분석합니다.

일러두기

- 인명, 작품명, 저서명, 개념어 등은 한글과 함께 괄호 안에 해당 국가의 원어를 병기했습니다.
- 외래어 표기는 현행 어문규정의 외래어표기법을 따랐습니다.

처음이세요?
전문가세요?

지금, 큐알 찍으면
AI 입문서 바로 선물
당신만의 필독서 추천
500권 요약본 공짜
오디오북 무료 사용

AI와 사이버 뮤지엄

고진예

대한민국, 서울, 커뮤니케이션북스, 2026

AI와 사이버 뮤지엄

지은이 고진예
펴낸이 박영률

초판 1쇄 펴낸날 2026년 2월 27일

커뮤니케이션북스(주)
출판 등록 2007년 8월 17일 제313-2007-000166호
02880 서울시 성북구 성북로 5-11
전화(02) 7474 001, 팩스(02) 736 5047
commbooks@commbooks.com
www.commbooks.com

ISBN 979-11-430-1855-7 03500

책값은 뒤표지에 표시되어 있습니다.

차례

사이버 뮤지엄은 어떻게 등장했는가

2020년 이후 전 세계를 강타한 팬데믹은 사회적 거리 두기를 넘어, 인간의 일상과 소통 방식을 근본적으로 바꾸어 놓았다. 예술계도 예외는 아니었다. 미술관은 문을 닫았고, 전시가 무기한 연기되거나 취소되면서 작가들은 발표의 장을 잃고 관람객은 작품을 감상할 기회를 잃었다. 이런 위기 속에서 새로운 해답을 찾으려는 움직임이 시작되었다. 바로 디지털 전시, 그중에서도 사이버 뮤지엄이라는 대안적 공간이 부상하였다.

사이버 뮤지엄의 의미

사이버 뮤지엄이란 디지털 공간 안에서 예술 작품을 전시·감상할 수 있도록 구성된 가상공간이다. 디지털 전시는 웹 기반의 2D 페이지부터 가상현실(VR), 증강현실(AR), 메타버스(Metaverse) 플랫폼까지 다양한 형태로 발전하였으며, 관람객은 시간과 장소에 구애받지 않고 원하는 작품을 감상할 수 있다.

전통적인 뮤지엄은 예술 작품을 보존하고 교육적 맥

락에서 해석하는 기능을 수행하지만, 장소와 시간의 제약을 받는다. 작품을 전시하고 해설하며 학문적 기반 위에 놓지만 그 특성상 유동성과 즉시성에는 취약하다. 반면 사이버 뮤지엄은 이러한 한계를 기술로 보완하며, 보존과 전시, 교육의 기능을 가상공간에서도 지속할 수 있게 한다. 누구나, 언제 어디서나 접속 가능하다는 점에서 접근성은 더 많은 사용자의 참여와 확산을 유도한다(진화수 · 송은지, 2021).

우리는 종종 온라인 전시나 VR 투어를 사이버 뮤지엄이라고 부르지만, 실제로는 기존 오프라인 전시를 인터넷 공간에 업로드해 제공하는 형태에 머무는 경우가 많다. 그 결과 사이버 공간은 화려한 체험 콘텐츠로 소비되거나, 전시 종료 후 기록물이 흩어져 남는 방식으로 굳어지기 쉽다. 그런데도 사이버 뮤지엄 논의가 중요한 이유는, 인공지능 시대의 문화 환경이 접속할 수 있는 공공재로 재편되는 흐름 속에서 교육 · 복지 · 지역 문화 확산 등 사회적 역할을 맡을 가능성이 분명 존재하기 때문이다.

이 책은 이러한 변화가 예술 감상과 전시의 문법을 어떻게 재조직하는지 살펴본다. 이 책에서 말하는 사이버 뮤지엄은 전시를 출발점으로 삼되 기록과 해설이 축적되고 학습 · 연구의 길이 열리는 방향으로 나아가는 뮤지엄-지향 플랫폼을 뜻한다.

왜 지금 사이버 뮤지엄인가

이 책을 쓰게 된 배경은 2025년 서용선 작가의 사이버 전시 공간을 온라인에서 보았던 경험에서 시작한다. 디자인 업체인 두앤비에서 유니티(Unity)로 제작한 가상의 전시 공간은 이미지 홍수 시대에 살고 있는 필자에게 큰 충격으로 다가오진 않았다. 공간은 로블록스나 마인크래프트 같은 게임 공간처럼 보였지만, 실제 건축물을 가상에 재현한 공간과 전시된 작품을 보며 여러 질문들이 떠올랐다.

기존의 웹페이지로 보이는 전시와 어떻게 다른가, 가상공간의 전시를 볼 사람이 있을까, 그렇다면 관람층은 누가 될까, 실제로 보는 것과 같은 감동이 있을까, 사이버 뮤지엄은 오프라인 전시장의 보조적 역할만 가능한가, 단지 전시를 한다고 해서 뮤지엄이라고 할 수 있나라는 여러 질문을 스스로에게 하였다.

이후 필자는 제작자, 작가와 여러 의견을 나누고 사이버 뮤지엄에 관한 자료 조사와 연구를 진행했다. 그리고 몇 개월 뒤에 암태도 서용선 미술관에서 열린 세미나에서 '사이버 뮤지엄의 의미와 가능성'을 주제로 발표하였다(고진예, 2025). 관심의 확장은 한 작가의 사이버 뮤지엄을 넘어 국내외 다양한 사이버 전시와 디지털 아카이브 시스템으로 이어졌다. 국공립 기관의 디지털 전시 · 아카이브 시스템은 점차 확대되고 있고 글로벌 플랫폼 또한 예술 콘텐츠의 열람과 교육을 새로운 방식으로 구성하고 있는 흐름을 알게 되었다.

그러나 여전히 디지털 전시관은 오프라인 전시의 업로드 또는 VR 콘텐츠 제공 수준에 머무르며, 뮤지엄이라는 이름이 내포하는 학술 · 기록 · 교육의 기능을 충분히 수행하지 못한다는 비판도 함께 존재한다(이고은 · 이선정, 2021). 이러한 현실은 사이버 뮤지엄의 의미를 더 분명하게 규정하고, 가능성과 한계를 동시에 검토해야 한다는 연구의 필요성을 제기한다.

사이버 뮤지엄이 필요한가

이 연구의 목적은 국내에서 제기되는 사이버 뮤지엄에 대한 회의적 시각을 정리하고, 그 비판이 타당한 지점과 그런데도 사이버 뮤지엄이 필요해지는 지점을 함께 검토하는 데 있다. 특히 인공지능 시대의 문화 환경이 접속할 수 있는 공공재로 재편되는 흐름 속에서 사이버 뮤지엄이 수행할 수 있는 공공적 역할(교육 · 복지 · 지역 문화 확산)을 중심으로, 사이버 뮤지엄의 의미와 가능성을 모색한다.

첫째, 팬데믹 · AI · 메타버스의 결합은 감상 방식과 전시 구조를 어떻게 변화시켰는가. 둘째, 국내외 사이버 전시와 시스템은 왜 전시 업로드에 머물기 쉬운가. 셋째, 사이버 뮤지엄이 뮤지엄-지향 플랫폼으로 기능하기 위해 어떤 구조(기록 · 해설 · 열람 · 인용 · 교육)가 필요한가. 넷째, AI가 전시에 개입하는 방식은 감상자의 자율성과 윤리에 어떤 문제를 제기하는가. 다섯째, 사이버 뮤지엄은 어떤 운영 모델과 협업 네트워크를 통해 지속 가능성을 확보할 수 있는가.

국내에서는 사이버 뮤지엄의 효율성과 가능성에 대해 지속해서 의문이 제기되어 왔다. 대표적인 비판은 (1) 제작 · 운영의 고비용에 따른 부담감, (2) 투자 대비 효율성의 불확실성, (3) 단기간에 안정적 발전이 어렵다는 전망, (4) 사이버 환경에서 작품 관람의 몰입이 떨어지고 현장 관람과의 격차가 크다는 점 등으로 요약될 수 있다. 이러한 지적은 실제 운영과 관람 경험에서 드러나는 문제를 반영한다는 점에서 충분히 검토할 가치가 있다.

그러나 동시에, 인공지능 기술과 디지털 전환은 급속도로 사회 전반에 침투하고 있으며, 문화 인프라 또한 접속할 수 있는 형태로 이동하고 있다. 특히 이동이 제한된 계층, 지역 간 문화 접근성 격차, 교육 콘텐츠의 반복 활용 필요성 등 공공 영역의 과제는 사이버 뮤지엄의 역할을 재평가하도록 만든다. 다시 말해 사이버 뮤지엄은 전시의 대체재라기보다, 사회적 공공재의 역할을 통해 필요성을 획득할 수 있다. 이 연구는 이러한 변화 속에서, 다양한 사이버 뮤지엄의 가능성과 영향 범위를 가늠해 보고자 한다.

세 가지 관점

이 책은 기술이 감상과 해석을 어떤 방식으로 조직하는지 감상 경험의 구조를 살펴본다. 이를 위해 본문은 크게 세 가지 관점을 사용한다.

첫째, 디지털 장치주의 관점이다. 사이버 공간에서 감상은 작품 자체뿐 아니라 인터페이스, 동선, 추천, 전환 효과, 알고리즘적 배치로 설계될 수 있다. 이 관점은 관람자가 자유롭게 선택한다는 느낌이지만, 실제로 무엇이 선택을 유도하는지, 그리고 그 구조가 감상자의 자율성과 해석 다양성에 어떤 영향을 미치는지 묻는다.

둘째, 몰입과 경험 설계 관점이다. 사이버 감상은 강한 몰입을 제공할 수도 있지만, 조작 · 로딩 · 알림 · UI

과잉 등으로 쉽게 분절되기도 한다. 따라서 몰입을 자극의 양으로 이해하기보다, 감정 중심의 집중이 가능하도록 방해 요인을 제거하고 머무를 시간을 확보하는 방식으로 재설계할 필요가 있다.

셋째, 뮤지엄의 공공성 관점이다. 뮤지엄은 전시만이 아니라 기록과 해설, 교육을 통해 사회적 기억을 축적하는 기관이다. 사이버 뮤지엄은 오프라인의 기능을 그대로 복제하기 어렵지만, 작품 정보와 전시 기록을 체계화하고, 인용할 수 있는 아카이브와 교육 경로를 제공함으로써 공공재로서의 역할을 수행할 수 있다. 이때 AI 해설과 자동화 기능은 효율을 높이지만, 동시에 근거 · 출처 · 투명성을 약화할 위험도 동반하므로 윤리적 설계가 필요하다.

책의 구성

이 책의 1장부터 3장까지는 등장-구체화-구축의 흐름으로 구성하였다. 사이버 뮤지엄을 말할 때 많은 논의가 기술 기능이나 연출 효과를 떠올리지만, 일반 독자에게 더 중요한 것은 사이버 뮤지엄이 무엇을 의미하는가다. 1장은 팬데믹 이후 접속이 일상화된 사회, 메타버스 플랫폼의 확산, 생성형 AI의 보편화 그리고 감상 방식의 변화가 전시뿐 아니라 기록과 교육까지 온라인으로 재편되는 배경을 설명한다.

2장은 국내외의 사이버 뮤지엄을 구체 사례로 들어 현재 국내외에서 여러 채널로 운영 중인 사이버 뮤지엄의 기능과 역할을 폭넓게 살펴본다. 3장은 구축 방법론을 다루되, 단순한 제작 순서가 아니라 뮤지엄 관점의 체크리스트를 함께 제시한다. 1~3장은 기술을 배우기 전에 먼저 뮤지엄이 해야 할 일을 기준으로 사이버 공간을 바라보게 만드는 기초 층으로 구성하였다.

4장부터 7장까지는 경험을 설계하는 힘 – 신뢰를 세우는 기준이다. 사이버 뮤지엄이 단지 새로운 전시 형식이 아니라 공적 지식의 장으로 기능하려면, 무엇보다 감상과 해석이 어떤 방식으로 조직되는지, 그 과정이 어떤 기준으로 검증되는지 밝혀야 한다. 4장은 메타버스와 AI가 감상을 돕는 도구가 아니라 감상의 리듬과 선택지를 결정하는 장치로 작동할 수 있음을 보여 준다. 5장은 이 장치적 환경 속에서 몰입이 어떻게 분절되는지, 그리고 몰입을 회복하기 위해 어떤 설계가 필요한지를 다룬다. 6장은 사이버 뮤지엄의 학술 · 아카이브 기능을 본격적으로 다룬다. 오프라인 공간 없이도 학술이 가능한가라는 질문에 답하기 위해, 수집(물리/디지털-출생), 보존

(분산형 수장고 네트워크와 디지털 보존 정책), 연구(메타데이터 · 영구 식별자 · 서지 · 수정 이력), 교육(이용자 수준별 경로)이라는 최소 조건을 구체화한다. 7장은 감상자의 위치를 철학적으로 되묻는다. AI 해설과 추천이 강해질수록 해석의 주체는 흔들릴 수 있다. 4~7장은 자율성 · 투명성 · 검증 가능성으로 평가하도록 독자의 시선을 전환하는 부분이다.

마지막으로 8장부터 10장까지는 사회적 확장-지속 가능성-플랫폼화의 흐름으로 구성하였다. 뮤지엄은 전시를 여닫는 곳이 아니라, 축적되는 기억과 지식이 사회에 환류되는 장기 시스템이기 때문이다. 8장은 사이버 뮤지엄이 교육 · 복지 · 지역 문화에서 어떤 역할을 할 수 있는지 다룬다. 접근성은 사이버의 가장 큰 장점이지만, 누구나 접속할 수 있음이 누구나 이해할 수 있음을 보장하지는 않는다. 그래서 이용자 그룹별 열람 경로와 학습 모듈, 해설의 층위를 설계하는 일이 중요해진다. 또한 지역 기반의 자료와 작가 기록이 축적될 때 사이버 뮤지엄은 지역의 기억을 세계로 번역하는 창구가 될 수 있다. 9장은 운영과 수익 모델을 다룬다. 연구 · 보존 · 교육에는 장기 비용이 필요하므로 후원 · 구독 · 교육 서비스 · 콘텐츠 라이선스 · 협력 프로젝트 같은 복합 재원 구조를 설계해야 한다. 동시에 수익 구조가 학술의 독립성을 훼손하지 않도록 자문위원회, 윤리 규정, 검증 프로세스 같은 거버넌스가 요구된다. 10장은 사이버 뮤지엄을 웹 플랫폼으로 통합하는 미래 비전을 제시한다. 사이버 뮤지엄이 학술을 담당하려면 전시 페이지를 넘어 검색 · 열람 · 인용이 가능한 디지털 아카이브를 갖춰야 한다.

이 책은 사이버 뮤지엄이 제도권 뮤지엄을 대체한다고 주장하지 않는다. 특히 물리 소장품의 보존 · 보존 처리와 같은 영역은 오프라인 기반 시설과 전문가 협업이 필요하며, 사이버 뮤지엄은 이를 단독 수행하기보다 협력 네트워크로 연결하는 방식이 현실적이다. 따라서 본문에서 제시하는 모델은 완결된 정답이 아니라, 사이버 뮤지엄을 단계적으로 성장시키기 위한 설계 원리와 운영의 기준에 가깝다.

앞으로 예술은 어디에 저장되고, 누구의 언어로 해설되며, 어떤 경로로 다음 세대에게 전달될 것인가. 《AI와 사이버 뮤지엄》은 이 질문에 답하기 위해, 누구에게, 어떻게 도달하느냐라는 한 문장을 출발점으로 삼는다.

참고문헌

고진예(2025). “서용선의 역사화와 암태도 미술관 프로젝트”. 《2025

암태도 서용선 미술관 학술 세미나 발표자료집》.
국립목포대학교 대학원 예술경영협동과정, 66~71쪽.
이고은·이선정(2021). "과학관 VR 전시공간의 감각론적 융합 특성 연구: 메를로-퐁티와 질 들뢰즈를 중심으로". 《한국과학예술융합학회》, 39(4), 337~353쪽.
이재성·김주연(2019). "VR과 AR 기술 콘텐츠 사례에 나타난 몰입감과 현실감의 특성에 관한 연구". 《한국실내디자인학회 논문집》, 28(3), 13~24쪽.
이현지·김원섭(2019). "가상현실(VR·virtual reality) 교육과 증강현실(AR·augmented reality) 교육 사례 연구를 통한 시사점 도출". 《한국디자인학회 학술발표대회 논문집》, 123~124쪽.
이효경 외(2022). "메타버스에서 공간의 의미에 대한 교육적 탐색: 메를로-퐁티의 《지각의 현상학》을 중심으로". 《한국HCI학회 논문지》, 17(2), 41~47쪽.
진화수·송은지(2021). "가상세계 메타버스 산업의 미래 발전방향에 대한 고찰". 《한국정보통신학회 종합학술대회 논문집》, 25(2), 432~433쪽.

01
사이버 뮤지엄의 탄생

사이버 뮤지엄은 팬데믹 이후 갑자기 등장한 임시 전시 공간이 아니다. 그 기원은 웹 기반 예술과 디지털 전시 실험에 있으며, 메타버스와 AI 기술의 결합을 통해 독립적인 감상 구조로 발전해 왔다. 이 아이템은 사이버 뮤지엄이 어떻게 오프라인 전시의 대체물을 넘어 새로운 뮤지엄 유형으로 자리 잡게 되었는지 가늠해 본다.

기후 위기와 인공지능?

온라인 전시의 역사적 맥락

온라인 전시는 사이버 뮤지엄이라는 말이 대중화되기 전부터 단계적으로 발전해 왔다. 1990년대 초기에는 기관 홈페이지가 전시 포스터 · 작품 이미지 · 보도자료를 제공하는 안내판 수준에 머무는 경우가 많았지만, 동시에 뮤지엄이 웹을 직접 운영하며 콘텐츠를 생산하는 실험도 빠르게 등장했다. 예컨대 영국 내셔널 박물관(Natural History Museum)은 1994년 자체 웹서버를 운영한 초기 사례로 언급되며(Bowen, 2010), 과학박물관(Science Museum)은 1998년 자바 애플릿 기반 전시(exhibitlets)를 도입해 웹에서 더 동적인 전시 자료를 보여 주려 했다(Bowen, 2010).

같은 시기에 전 세계 온라인 뮤지엄 자원을 목록화해 연결하는 VLmp(Virtual Library Museums Pages) 플랫폼이 성장했고 자료를 온라인에서 찾을 수 있음 자체가 중요한 인프라로 자리매김했다(Bowen, 2010). 즉 온라인 전시는 단순히 전시를 웹에 게시하는 행위를 넘어 전시 · 기관 · 자료를 상호 연결해 접근성을 확장하는 방향으로 진화했다. 2010년대에 들어서면서 온라인 전시는 이미지 업로드를 넘어 가상 투어 포맷을 갖추기 시작한다. 2011년 2월 1일 공개된 구글 아트 프로젝트(Google

Art Project)는 17개 주요 미술 기관과의 협업을 통해 고해상도 작품 감상과 함께 Street View indoor 기술을 활용한 360도 갤러리 투어를 제시했다. 이는 대중에게 온라인에서 미술관을 걷는다는 경험을 각인시킨 분기점이 되었다. 이후 여러 기관이 360° VR 전시 투어, 영상 해설, 온라인 강좌를 결합하며 디지털 전시를 확장했다. 그러나 많은 온라인 전시는 여전히 오프라인 전시의 사후 업로드로 남았고, 전시 종료와 함께 자료가 흩어지거나 갱신이 멈추는 문제가 반복되었다.

전시와 아카이브의 차이

전시는 본질적으로 한 번 열리고 닫히는 사건이다. 작품의 배치, 조명, 동선, 해설, 관람자의 움직임이 결합해 특정한 시간과 장소에서 성립한다. 그래서 전시의 가치는 현장성이 만드는 긴장—지금 여기에서만 가능한 경험—에 있다. 반면 아카이브는 사건을 끝난 뒤에도 다시 꺼내 쓸 수 있게 만드는 구조다. 무엇이 언제 어디서 어떤 맥락에서 제시되었는지, 자료의 출처는 무엇인지, 어떤 해석과 논쟁이 이어졌는지, 이후 어떤 수정이 있었는지 등을 체계적으로 남긴다.

전시는 감정과 주의를 한 방향으로 몰아주는 연출에

강하지만, 아카이브는 근거와 맥락을 여러 방향으로 열어주는 정리에 강하다. 사이버 뮤지엄의 핵심은 전시를 온라인으로 재현하는 데서 멈추지 않는다. 전시가 남긴 결과—작품 정보, 설치 기록, 큐레이션 노트, 인터뷰, 비평, 관람 반응—를 아카이브 형태로 축적하는 데 있다. 이를 보여 주는 대표적 사례가 컬렉션의 대규모 디지털화다.

스미스소니언 소속 디자인 박물관인 Cooper Hewitt는 18개월 규모의 대량 디지털화 작업 이후 약 20만 점(컬렉션의 92%)을 온라인에 공개했다(Rhodes, 2016). 탐색할 수 있는 메타데이터를 바탕으로 확대 접근성과 교육 · 연구에 활용했다. 또한 테이트 미술관(Tate)은 1900년 이후에 영국 미술의 역사와 자료를 수집해 제공한다는 점을 공식적으로 명시한다.

이 사례는 온라인이 아카이브가 구축될 때 비로소 사이버 뮤지엄이 반복 열람할 수 있는 지식의 구조를 갖게 됨을 보여 준다. 따라서 사이버 뮤지엄의 과제는 전시의 체험과 아카이브의 지속을 균형 있게 결합하는 것에 있다. 전시는 관람자의 감각을 붙잡아 '지금 여기'를 만들고, 아카이브는 그 경험을 다시 꺼내 쓰는 지식으로 바꿔준다. 작품마다 기본 메타데이터(작품명, 연도, 재료, 크기, 제공/소장처)를 표준화하고 전시 기록(동선 · 설치 · 해설)과 연구 자료(도록 · 논문 · 영상)를 연결하는 방식이 마련될 때, 사이버 뮤지엄은 업로드된 전시가 아니라 전시가 남긴 세계를 운영하는 플랫폼으로 나아간다.

비대면 환경의 구조 변화

관람의 습관 변화

비대면 환경은 관람의 습관을 바꾸었다. 이동이 전제였던 관람이 접속으로 바뀌면서 관람은 특정한 날의 행사가 아니라 일상 속 짧은 시간의 틈에 들어오게 되었다. 사람들은 출퇴근 중, 잠들기 전, 휴식 시간에 여러 미디어를 통해 온라인 전시를 잠깐 보는 것에 익숙해졌다. 이는 한 작품 앞에서 오래 머무르는 방식보다 여러 콘텐츠를 빠르게 훑는 방식으로 이어지기 쉽다. 또한 화면은 관람자의 시야를 미리 잘라 보여 준다. 현장에서는 주변 공간, 다른 관람자, 걸음의 속도, 소리의 울림까지 경험의 일부가 되지만, 온라인에서는 화면 프레임이 곧 세계의 경계가 된다. 온라인은 관람자가 부끄러움이나 시간 압박 없이 작품을 확대하고 반복해 볼 수 있는 환경을 제공한다. 현장에서는 오래 서 있기가 부담스러울 수 있지만,

온라인에서는 작품을 확대해 세부를 보고 텍스트를 천천히 읽고 다시 돌아갈 수 있다. 문제는 전시가 VR 투어 한 번이나 영상 한 편으로 관람은 쉽게 휘발되고 알림·탭 전환·로딩 같은 방해 요소에 의해 쉽게 분절된다.

접근성과 확장성의 이점

2020년 국립현대미술관(MMCA)의 온라인 미술관은 유튜브를 통해 전시 VR 영상을 제공하면서 전시 공간을 상하좌우 360도로 회전해 볼 수 있고, 사용자가 원하는 위치와 작품을 클릭해 이동하며, 현장에서 제공되던 영상·텍스트·음성 안내기를 VR 화면과 연결해 관람할 수 있다(박현주, 2020). 또한 전시 콘텐츠는 2020년부터 지속해서 축적되고 있다. 이는 온라인 전시가 단발 대체재가 아니라 기관의 상시적 운영 요소로 편입되고 있음을 보여 준다.

오프라인 전시는 한 공간에 동시에 걸 수 있는 작품 수와 동선에 제약이 있지만, 온라인에서는 주제별·연도별·재료별로 작품을 여러 방식으로 묶어 다른 관람 경로를 만들 수 있다. 더 나아가 번역, 자막, 쉬운 글, 어린이 버전 해설처럼 다양한 접근성을 덧붙이기도 수월하다. 이러한 다층 구조가 형성될 때 사이버 뮤지엄은 한 번 보고 끝이 아니라 다시 찾아 배우는 학습형 감상에 가까워진다.

확장/연결/반복

공간의 자유도

사이버 뮤지엄의 핵심은 공간이 물리적인 제약에서 벗어나면서 전시의 형태가 다양해진다는 점이다. 오프라인에서는 벽의 길이, 천장의 높이, 작품 보존을 위한 조도·온습도, 안전 동선 같은 조건이 전시의 기본 틀을 결정한다. 반면 사이버 공간은 필요에 따라 전시장을 확장하거나 축소할 수 있고, 관람 동선을 하나로 고정하지 않아도 된다. 같은 작품군을 연대기 동선으로도, 주제별 동선으로도, 작가의 작업실 동선으로도 배치할 수 있으며 관람자가 원하는 경로를 선택하게 만들 수 있다. 또한 사이버 공간에서는 작품의 배치를 넘어 시점을 설계할 수 있다. 작품 앞에서의 거리 변화, 1인칭·3인칭 시점 전환, 특정 작품만 조용히 집중하는 감상 기능 등은 오프라인에서 구현이 어렵거나 비용이 많이 든다.

공간의 자유도는 머무름의 방식도 바꾼다. 현실에서는 관람 시간이 폐장 시간과 동선 혼잡에 의해 제한되지만, 온라인에서는 개인의 속도에 따라 멈추고 돌아보고 다시 시작하는 것이 가능하다. 더 나아가 동일한 컬렉션을 여러 버전(초심자용/연구자용/어린이용)으로 운영하거나, 상설 아카이브와 한정 전시를 같은 플랫폼 안에 공존시키는 것도 가능해진다. 이런 점에서 사이버 뮤지엄은 현실의 복제가 아니라 현실에서 불가능한 전시 구조를 실험하는 공간이 될 수 있다.

데이터 기반 전시 가능성

사이버 뮤지엄의 특성은 전시가 데이터와 함께 작동할 수 있다는 점이다. 오프라인 전시에서도 관람객 수나 설문조사 같은 데이터는 수집되지만, 전시 경험의 미세한 흐름—어디에서 오래 머무는지, 어떤 순서로 이동하는지, 어떤 설명에서 이탈하는지—을 정교하게 읽기에는 한계가 있다. 사이버 공간에서는 관람 경로, 클릭 패턴, 체류 시간, 검색어, 재방문율 같은 데이터가 자연스럽게 축적될 수 있다. 이는 전시를 고정된 결과물이 아니라 학습하는 시스템으로 만들 가능성을 연다.

예컨대 관람자가 특정 작품에서 반복적으로 길을 잃는다면 안내 문장을 수정하거나 동선을 단순화할 수 있다. 특정 해설에서 이탈이 크다면 텍스트의 길이나 배치

타이밍을 조정할 수 있다. 데이터는 큐레이션의 새로운 층위도 가능하게 한다. 관람자 유형(초심자/연구자/청소년)에 따라 추천 경로를 다르게 제공하거나, 동일한 작품을 서로 다른 주제 묶음으로 제시해 관람자가 자신의 관심으로 진입하도록 설계할 수 있다. 이는 사이버 뮤지엄을 대규모 인원을 모으는 전시가 아니라 각자의 속도와 목적을 지원하는 전시로 확장한다.

다만 데이터 기반 전시는 윤리적 주의가 필요하다. 관람 데이터는 개인의 취향과 행동 패턴을 드러낼 수 있으므로 수집 목적과 범위를 투명하게 고지하고 최소 수집 원칙을 지켜야 한다. 또한 데이터가 많이 클릭 되는 작품이 곧 가치 있는 작품이라는 착각에 빠지면 전시는 인기 경쟁으로 왜곡될 수 있다. 데이터는 전시의 방향을 결정하는 절대 기준이 아니라, 관람의 어려움과 가능성을 진단하는 보조 지표로 사용되어야 한다. 그럼에도 데이터의 장점은 분명하다. 사이버 뮤지엄은 관람 경험을 측정하고 개선하며, 교육 · 연구용 경로를 별도로 설계해 피드백 할 수 있는 전시를 운영할 수 있다. 이 가능성은 사이버 뮤지엄이 현실에서 불가능한 구조(연결/반복/확장)를 실제 운영 방식으로 전환할 수 있게 해 준다.

이 장에서 확인한 것처럼 사이버 뮤지엄은 VR 기술의

유행으로 탄생한 것이 아니라 온라인 전시의 역사, 비대면 관람 습관의 변화, 디지털 아카이브의 축적, 그리고 플랫폼화된 운영 구조가 결합하며 형성되었다. 온라인 전시가 일상화 된 지금, 사이버 뮤지엄의 성패는 전시 이후에도 남는 기록과 자료가 얼마나 체계적으로 축적되는가에 의해 좌우될 가능성이 크다.

참고문헌

국립현대미술관 디지털미술관 VR·AR.
https://www.mmca.go.kr/digitals/digitalMovInfo.do?menuId=0000000000&mbId=202409230001619

박현주(2020.8.10). "국립현대미술관 "전시, 360° VR로 생생하게 보세요"". 뉴시스.
https://www.newsis.com/view/NISX20200810_0001124125

Bowen, J. P.(2010). A brief history of early museums online. The Rutherford Journal.
https://www.rutherfordjournal.org/article030103.html

Google Maps Blog(2011.2.1). Street View takes you inside museums around the world.
https://maps.googleblog.com/2011/02/street-view-takes-you-inside-museums.html

Rhodes, M.(2016.9.2). The Cooper Hewitt Design Museum just put 200,000 items online. Wired.
https://www.wired.com/2016/09/cooper-hewitt-design-museum-just-put-200000-items-online/

Tate(2011). Google and museums around the world unveil Art Project. Press release. https://tate.org.uk/press/press-releases/google-and-museums-around-world-unveil-art-project
Tate Archive. https://www.tate.org.uk/art/archive

02
AI와 사이버 뮤지엄의 실제 사례

사이버 뮤지엄은 온라인에 전시를 올려두는 것에서 출발해 점차 기록과 학습, 참여와 유통이 결합한 플랫폼으로 확장되고 있다. 이 장은 국공립 박물관·미술관의 온라인 연계 사례, 개인 사이버 미술관의 몰입 설계 사례, 그리고 Spatial·OnTheWall 같은 온라인 대관/전시 플랫폼 등 다양한 사이버 뮤지엄의 기능과 역할을 구체적으로 살펴본다.

노래하는 AI 보컬?

국내 사이버 뮤지엄 사례

사이버 뮤지엄의 구현 방식은 기관의 성격과 운영 목표에 따라 다양하게 나타난다. 국내 사례를 살펴본다.

국립현대미술관(MMCA)

현재 국립현대미술관은 디지털 미술관을 통해 작품을 디지털화하여 보관·열람할 수 있다. 디지털 콘텐츠 영역에서는 360° VR 전시 투어, VR·AR 연계 콘텐츠, 전시 관련 온라인 프로그램을 제공하며 온라인 환경에서 전시 경험의 진입로를 넓힌다. 감상자에게는 가상 체험을 통해 감각적 흥미를 제공하며 전시장 방문의 물리적 거리를 줄이려는 시도를 이어간다.

관람자는 가상공간 안에서 자유롭게 상호작용하는 것이 아니라, 이미 완성된 전시 경험을 화면을 통해 열람한다. 온라인 전시관은 독립적인 온라인 미술관 플랫폼이라기보다 오프라인 전시를 디지털 환경에서 기록하고 재현하는 출판물에 가까운 성격을 지닌다. 전시는 공간으로서 존재하기보다 콘텐츠로 정리되어 전달된다.

국립현대미술관의 온라인 전시는 대부분 연도별 사업 단위로 제작된다. 하나의 전시는 특정 사업 기간에 맞추어 제작·공개되며, 전시가 종료된 이후에는 추가적인 수정이나 업데이트가 이루어지지 않는다. 전시는 온라인 전시관 안에서 아카이브로 고정되며, 새로운 전시가 이전 전시를 대체하는 방식으로 축적된다.

전시 종료 이후 유지 보수의 대상은 전시 공간 자체가 아니라, 웹 시스템의 안정성에 한정된다. 링크가 정상적으로 작동하는지, 영상이 다양한 기기에서 문제없이 재생되는지와 같은 기술적 요소가 관리의 중심이 된다. 전시 내용이나 구성은 더 이상 변경되지 않는다.

이러한 운영 방식에서 국립현대미술관의 온라인 전시관은 살아 있는 공간이 아니라 고정된 전시 기록으로 기능한다. 온라인 전시는 새로운 전시 형식을 실험하는 장이라기보다 오프라인 전시를 공공적으로 보존하고 열람할 수 있도록 정리한 디지털 아카이브로 자리매김하고 있다.

반면 VR 투어는 전시장의 풍경을 보여 주는 데에는 강점을 가지지만, 작품 감상의 층위−세부, 재료, 표면−와 해설의 깊이를 확보하기 위해서는 작품 카드(메타데이터)와 해설 콘텐츠(짧은 해설과 심화 해설)의 결합이 추가로 요구된다. 다시 말해 걷는 경험이 생겼다고 해서 곧바로 이해의 경험이 자동으로 형성되는 것은 아니다. 온라인 전시가 장면 중심으로 조직될수록 관람자는 무엇을 보았는지는 기억하지만 무엇을 알게 되었는지는 남기기 어렵다.

국립중앙박물관

국립중앙박물관의 온라인 전시관은 전시 공간의 가상 재현보다는 문화유산 정보의 공개와 축적을 목적으로 형성된 서비스다. 이 온라인 전시관은 실시간 3차원 공간을 운영하는 플랫폼이 아니라 웹 기반 정보 시스템 위에서 구성된 비실시간 전시 · 콘텐츠 아카이브에 해당한다. 국립중앙박물관에서 온라인 전시는 전시 체험의 대체라기보다 소장품과 전시 내용을 상시적으로 열람할 수 있도록 정리한 디지털 자료로 기능한다.

이러한 성격은 국립중앙박물관의 정체성과도 맞닿아 있다. 미술관이 전시 중심의 기관이라면 박물관은 수집 · 보존 · 연구를 핵심 기능으로 한다. 국립중앙박물관의 온라인 전시관 역시 공간적 몰입보다는 기록의 안정성과 정보 접근성을 우선하는 방향으로 운영되고 있다.

국립중앙박물관의 온라인 전시는 단일한 형식으로 운영되지 않는다. 전시는 텍스트와 이미지 중심의 웹 전시 형태로 제공되며, 여기에 360도 전시, 실감 영상, 3D 유물 콘텐츠 등이 병렬적으로 추가된다. 이들 실감 콘텐츠는 온라인 전시관 안에서 하나의 통합된 가상공간을 이루지 않고, 독립된 콘텐츠 단위로 제공된다.

360도 전시와 실감 영상은 전시실이나 유적 공간을 촬영·편집한 결과물로, 관람자는 정해진 시점을 따라 화면을 통해 공간을 감상한다. 3D 유물 콘텐츠는 개별 유물을 중심으로 제작되어, 회전·확대 등 제한적인 조작을 통해 열람할 수 있다. 이 역시 실시간 공간 체험이라기보다 유물 정보의 시각적 보조 자료에 가깝다.

이 과정에서 사용자 간 상호작용이나 실시간 공간 운영은 전제되지 않는다. 온라인 전시는 체험형 공간이 아니라 정보 전달과 기록을 목적으로 한 콘텐츠로 구성된다.

다만 온라인 실감이 현장 재현에 집중할수록 관람자가 유물의 의미(맥락)로 들어가는 장치가 별도의 구조로 보강되어야 한다. 예컨대 용어 설명, 비교 자료(시대·지역·양식 비교), 관련 유물 연결, 제작 기법의 시각화, 보존·복원 맥락 등이 단순 동선과 결합되지 않으면 실감 경험은 관광적 시청으로 흐르기 쉽다.

사비나미술관

사비나미술관은 2022년 7월, 국내 미술관 최초로 메타버스 기반 가상 미술관 메타 사비나 아트 플랫폼을 개관

하고, 기획 전시실 · 교육 공간 · 라이브 강연 공간(컨퍼런스 홀) 등 복합 구성을 제시했다. 이 플랫폼은 실제 사비나미술관 건축물을 드론 촬영 등으로 기록해 가상공간에 구현하고, 관람객이 아바타로 참여하여 전시 및 콘텐츠를 감상하도록 설계된 것이 특징이다.

메타 사비나의 개관 기념전은 '잠들기 전에 가야 할 먼 길이 있다'라는 제목으로, 국내외 26명의 작가가 참여한 전시를 선보였다. 이명옥 관장은 메타 사비나가 미술 창작과 감상의 시공간을 넓히는 디지털 전환의 계기가 될 수 있음을 강조한 바 있다.

이러한 시도는 사비나미술관이 2012년부터 VR 전시 등 디지털 콘텐츠를 가상공간에 아카이빙 해온 흐름의 연장선에서 이해될 수 있으며, 사립 미술관이 기술-전시-교육-소통을 하나의 구조로 엮으려 했다는 점에서 의미가 있다.

또한 사비나미술관은 지난 전시를 VR로 구현한 버추얼 미술관을 운영하며 온라인에서 전시를 재감상할 수 있게 하고, VR 전시를 활용한 온라인 전시 감상 프로그램(큐레이터 해설)을 제공해 단순 관람을 설명과 이해로 연결하려는 시도를 보여 준다.

부산현대미술관

부산현대미술관은 온라인 미술관 메뉴를 통해 VR 전시 등 디지털 관람 경로를 제공하고 있으며, 일부 프로그램에서는 VR 기반 상영 · 체험 형식의 운영도 확인된다. 가상의 전시 공간에서 층을 선택해 관람하고 작품을 선택하여 정보를 확인하는 방식은 관람자의 접근성을 높이며, 현장 방문이 어려운 관람자에게 대체 경험을 제공한다.

구글·Spatial·OnTheWall: 플랫폼형

Google Arts & Culture: 초대형 컬렉션

플랫폼형 전시는 하나의 전시가 아니라 많은 전시가 반복적으로 만들어지는 구조를 제공한다. Google Arts & Culture는 전 세계 2000개 이상의 문화 기관과 협력해 예술 · 문화유산을 온라인에서 탐험할 수 있도록 하는 플랫폼으로 소개되며, Street View 기반의 가상 탐색도 중요한 요소로 포함된다. 이 모델의 강점은 접근성과 검색성이다. 관람자는 특정 기관의 사이트를 찾아다니지 않고도 작품 · 유물 · 전시 스토리를 탐색할 수 있고, 큐레이터가 만든 온라인 전시(스토리) 형식은 자료를 읽게 만드는 전시로 작동한다.

Spatial: 노코드 템플릿과 멀티 플랫폼

Spatial 갤러리는 국공립 온라인 전시관과 달리, 전시를 기록하거나 재현하는 아카이브 시스템이 아니라 실시간으로 운영되는 3차원 공간 플랫폼을 전제로 한다. Spatial에서 갤러리는 하나의 웹페이지나 콘텐츠 묶음이 아니라 지속적으로 접속 가능한 가상공간으로 존재한다. 관람자는 전시가 제작된 이후에도 동일한 공간에 다시 접속할 수 있으며, 공간 안에서 자유롭게 이동한다.

이러한 점에서 Spatial 갤러리는 온라인 전시 페이지라기보다 플랫폼 안에 생성된 전시 공간에 가깝다. 전시는 운영 중인 상태로 유지되며 필요에 따라 수정·재구성이 가능하다. Spatial 갤러리는 플랫폼 기반 전시 운영 모델을 대표한다.

관람자는 아바타를 통해 공간 안을 이동하며 작품을 감상한다. 감상은 미리 정해진 시점 이동 경로를 따르지 않으며 관람자의 선택에 따라 이루어진다. 이러한 구조는 국공립 온라인 전시관의 비실시간 전시 감상 방식과 구별된다.

Spatial은 템플릿 기반으로 2D·3D·영상 콘텐츠를 업로드해 몰입형 공간을 만들고, 웹/VR/모바일로 공유할 수 있는 플랫폼을 제공한다. 이런 서비스는 개인·소규모 조직이 비교적 빠르게 전시 공간을 만들 수 있다는 점에서 확장성이 크다. 또한 구독 단계에 따라 동시 접속 인원, 저장 용량 등 운영 조건이 달라지는 구조는 전시 · 행사 · 교육을 함께 운영하려는 경우에도 참고가 된다.

온더월(OnTheWall): 온라인 전시 대관

국내 온라인 전시 업체인 온더월(OnTheWall)은 현실 같은 온라인 갤러리 공간에 작품을 전시하고 사람을 초대하는 소셜 전시 플랫폼을 표방한다. 온더월은 오프라인에 없는 가상의 전시 공간으로 미술 동호회, 교육생을 포함해 다양한 예술 애호가들이 참여한다. 이 유형의 서비스는 관람자에게는 접근성이 높고, 전시자에게는 빠르게 전시를 열 수 있다는 장점이 있다. 특히 온라인 대관 관점에서는 공간을 자체 제작하지 않아도 된다는 점이 진입 장벽을 낮춘다. 또한 온라인 전시가 관람-공유-재방문의 흐름을 만들려면 관람자 참여(방명록/피드백/공유 등) 장치가 중요해지는데, 플랫폼형 서비스는 이러한 소셜 기능을 비교적 쉽게 결합할 수 있다.

다만 플랫폼형 대관 공간은 전시가 늘어날수록 차별화된 큐레이션과 아카이브의 지속성이 과제가 된다. 관람자가 전시를 소비하고 잊지 않게 하려면, 전시 종료 이후에도 남는 기록(전시 설명, 참여자 기록, 작품 정보)이 검색 · 열람 · 인용 가능한 형태로 유지되어야 한다.

국공립 기관과 사립 미술관의 온라인 전시는 오프라인의 확장으로 출발해 접근성과 복습을 제공해 왔다. 플랫폼형 서비스(구글, Spatial, 온더월)는 제작과 유통의 장벽을 낮추지만, 뮤지엄으로서의 신뢰(출처 · 권리 · 수정 이력)와 아카이브(작품 ID · 영구 링크)가 약해지기 쉽다는 한계도 함께 드러낸다.

개인 사이버 뮤지엄

개인 사이버 뮤지엄은 대형 기관과 달리 많은 것을 한 번에 제공하기보다 특정 작가 · 작품 세계에 집중해 관람자 경험을 설계할 수 있다.

서용선 사이버 뮤지엄

서용선 미술관(암태소작항쟁기념전시관)은 신안 암태도에 위치한 지역 미술관이다. 미술관은 낙후된 지역에 위치하여 관람객 수가 한정적이고 창고 벽화라는 물성 때문에 시간 경과에 따른 보존 문제가 제기된다. 지역 접근성의 한계를 온라인 확장으로 전환하는 방안을 모색할 수 있다.

디자인 업체 두앤비(DONBEDESIGN)는 서용선 작가의 작품이 상설 전시되는 문호리 미술관과 암태도 미술관을 기반으로 사이버 미술관 작업을 진행해 왔다. 서용선 사이버 미술관의 특징은 (1) 실측 기반 제작을 통해 벽화 내부 이미지까지 실제 크기에 맞춰 디지털화 했다는 점, (2) 개발 초기부터 VR 감상을 전제로 하여 작품의 크기-거리-시점이 만드는 현장감의 재현을 목표로 했다는 점이다.

셋째, 공간 확장성과 보존성이다. 가상의 공간은 물리적 제약 없이 확장될 수 있으므로, 개인전 · 기획전 · 단체전 등 다양한 전시가 상시적으로 운영될 수 있고, 작품을 시기별 · 연도별 · 주제별로 재구성해 여러 감상 경로를 제공할 수 있다.

넷째, 인공지능(AI)과의 협업이다. 전시 공간에 챗봇을 설치하면 관람객이 작품에 대해 상세한 설명을 얻을 수 있고, 사이버 방명록, 아바타 소통, 키네틱 체험 요소, 온라인몰 연동(굿즈 판매) 등으로 소통과 유통을 결합할 수 있다.

단점으로는 구축 비용이 크다는 점이다. 공공 기관에 비해 개인 미술관은 제작 지원이 쉽지 않다. 그럼에도 사이버 뮤지엄 방문이 지역 방문으로 이어지는 역순환 구조를 만든다면 지역 예술 자원을 세계에 알리는 경로가 될 수 있다.

참고문헌

국립중앙박물관 온라인 실감 콘텐츠.
https://www.museum.go.kr/MUSEUM/contents/M0203010000.do

국립현대미술관 디지털미술관.
https://www.mmca.go.kr/digitals/digitalMain.do

부산현대미술관 온라인 미술관: VR 전시.
https://www.busan.go.kr/moca/exhibition0402

사비나미술관 메타 사비나 아트 플랫폼(안내/자료).
https://elypecs.com/platform/ES0124/lobby.html

서용선 사이버미술관(문호리).
https://www.donbedesign.com/gallery/moonhori/index.html

Google Arts & Culture. https://artsandculture.google.com

Google Arts & Culture. About Google Arts & Culture.
https://support.google.com/culturalinstitute/partners/answer/4395223

OnTheWall(서비스 종료).
https://www.onthewall.io/home

Spatial. Spatial (Toolkit / Publish everywhere).
https://toolkit.spatial.io/docs/installation

03
사이버 뮤지엄 구축 방법론

사이버 뮤지엄 구축의 핵심은
작품 · 자료 · 해설이 오래도록 축적되고
갱신되는 구조를 설계하는 일이다. 이 장은
메타데이터, 전시/열람 모드, 기술 선택,
권리 · 기록 정책 등 사이버 뮤지엄을 구축하기
위한 기술적 요소와 플랫폼 환경, 콘텐츠 구성
전략 등을 탐구한다.

인공지능과 편향?

사이버 뮤지엄 구축 사례

사이버 뮤지엄은 종종 메타버스나 가상공간으로 호명되지만, 기술적으로는 실시간 상호작용형 플랫폼이라기보다 행정 · 기록 중심의 정보 시스템에 가깝다. 사이버 뮤지엄의 구축은 실시간 3차원 렌더링보다 소장품 관리 데이터베이스와 웹 기반 콘텐츠 전달 체계를 중심으로 이루어지며, 전시는 체험 공간이 아니라 관리되고 열람되는 디지털 기록물로 설계된다.

국립현대미술관의 온라인 전시는 대체로 오프라인 전시를 전제로 제작된다. 실제 전시장 내부를 360도 카메라나 고정 시점 영상으로 촬영하고, 이 결과물을 Unity 환경에서 편집해 전시 동선에 따른 이동 지점, 시점 전환, 작품 정보 포인트 등을 설정한다. 이렇게 제작된 전시는 360도 영상 파일(mp4) 또는 WebGL 패키지 형태로 출력되어 CMS를 통해 온라인 전시 페이지에 삽입된다. 이 과정에서 전시는 실시간으로 생성되거나 사용자 간 상호작용이 이루어지지 않으며, 관람자는 제작 단계에서 이미 결정된 시점과 이동 경로를 따라 전시를 감상하게 된다. 온라인 전시는 체험이라기보다 정해진 구조를 따라 열람되는 기록물에 가깝다.

국립중앙박물관의 온라인 서비스 역시 실시간 가상공

간보다는 안정적인 정보 시스템 구조를 따른다. 전자정부 프레임워크(eGovFrame)를 기반으로 한 Java/Spring 환경과 관계형 데이터베이스(Oracle, Tibero, MariaDB 등)를 중심으로 구축되며, 전시는 CMS에 등록된 페이지와 실감 콘텐츠 결과물로 제공된다(문화체육관광부, 2023). 구축 방식은 대부분 외주 SI(System Integration) 사업에 기반하며, 내부에 상시 개발 인력을 두기보다는 연차별 사업 공모를 통해 기능 단위로 시스템을 구축·고도화하는 구조를 취한다(한국정보화진흥원, 2022).

이러한 구조에서 핵심은 개별 전시의 표현 방식이 아니라 소장품 관리 데이터베이스와 메타데이터의 표준화다. 공개 서비스는 검색 포털과 Open API를 통해 제공되며, 설계의 기준은 기술 혁신보다 안정성, 보안, 장기 유지 보수에 놓인다. 다시 말해 사이버 뮤지엄은 '실시간으로 경험하는 공간'이 아니라, 지속적으로 관리되고 인용 가능한 공공 기록 체계로 기능하도록 설계된다.

기술, 플랫폼, 실현의 단계들

사이버 뮤지엄을 구축하기 위한 다양한 기술적 요소와 플랫폼 환경, 그리고 콘텐츠 구성 전략을 살펴본다.

공간 설계

공간의 기본 구조 설계는 작품이 놓일 벽면, 관람자의 동선, 조명 효과, 시점 전환 등을 포함하여 전체적인 분위기를 미리 구현한다. 이 과정은 현실 전시의 평면 도면을 디지털로 해석하는 일과 유사하며, 어떤 감각을 어떤 순서로 경험하게 할 것인가를 공간 언어로 번역하는 단계이기도 하다.

플랫폼 선택과 최적화

대표적인 플랫폼으로는 미국의 가상 전시 공간 업체인 스패셜(Spatial), 네이버의 제페토에서 운영하는 메타버스 공간 잽(ZEP) 플랫폼, 오픈소스 WebXR 기반 가상공간인 모질라 허브(Mozilla Hubs), 자체 WebGL 기반 시스템 등이 있다. 각 플랫폼은 기능, 표현 방식, 접근성에서 차이를 보이므로 전시의 목적과 대상에 따라 선택이 달라질 수 있다. 예컨대 스패셜은 전시 감상에 특화되어 있으며, 잽(ZEP)은 네이버 계열사인 네이버(NAVER) Z가 운영하는 메타버스 플랫폼으로, 교육과 커뮤니티 활동에 적합한 캐주얼한 가상공간을 제공한다. 반면 스패셜은 웹 브라우저와 VR 환경에서 접근 가능한 상업적 가상공간 플랫폼으로, 최근에는 전시 · 갤러리 운영에 특화된 구조를 중심으로 활용 범위를 확장하고 있다. 모질라 허브(Mozilla Hubs)는 모질라 파운데이션(Mozilla Foundation)이 개발한 오픈소스 WebXR 기반 가상공간 플랫폼으로, 설치 없이 웹 브라우저에서 접속 가능한 실험적 전시 · 교육 공간으로 활용되어 왔다.

접근성이 중요하다면 웹 기반 플랫폼이 유리하고, 정교한 3D 연출이 필요하다면 유니티(Unity) 기반 독립 플랫폼이 적합하다. 결국 무엇을 보여줄 것인가 만큼 '누가, 어떤 기기에서, 얼마나 쉽게 들어올 수 있는가' 가 플랫폼 선택의 우선순위를 결정한다.

콘텐츠 구조 설계

콘텐츠 구조는 전시 경험을 넘어 기록과 재사용을 가능하게 하는 핵심 설계 요소다.

메타데이터: 보는 전시를 연구할 수 있는 기록으로

메타데이터는 사이버 뮤지엄이 아카이브이자 학술 플랫폼으로 기능하기 위한 기본 인프라다. 오프라인 전시에서는 큐레이터의 동선, 벽 텍스트, 도록이 작품의 맥락을 구성하지만, 온라인 환경에서는 그 역할을 데이터가 대신한다.

따라서 작품 페이지는 감상용 정보(작가 · 제목 · 연도 · 재료 · 크기 · 이미지)에 머물러서는 부족하다. 사이버 뮤지엄의 작품 정보는 최소한 (1) 식별(작품 ID, 소장처, 촬영 · 스캔 정보), (2) 맥락(전시 이력, 관련 사건 · 장소 · 인물, 제작 과정, 연구 · 비평 자료), (3) 접근(고해상도 이미지, 확대 기능, 캡션 · 대체 텍스트, 다국어), (4) 권리(저작권자, 라이선스, 허용된 이용 범위), (5) 인용(영구 식별자, 권장 인용문), (6) 변경(업데이트 날짜와 수정 이력)을 포함하는 연구 가능한 단위로 설계될 필요가 있다.

국제적으로는 컬렉션 데이터를 공개하고 API를 통해 교육 · 연구 · 개발 영역으로 확장하려는 흐름이 뚜렷하다. 예컨대 테이트는 소장품 메타데이터를 CC0 (Creative Commons Zero) 라이선스로 공개해, 온라인 전시 중심의 제공 방식에서 데이터 기반 열람으로 전환했다. 스미스소니언(Smithsonian Open Access)은 다량의 이미지와 데이터를 개방형 정보로 제공해 학술 · 교육 · AI 응용까지 활용 범위를 확장하고 있다. 이러한 사례는 사이버 뮤지엄의 지속성이 데이터를 어떻게 개방하고 연결하는가에 달려 있음을 보여 준다.

전시/열람 모드 분리

사이버 뮤지엄에서 가장 흔한 실패는 모든 콘텐츠를 전시처럼 보여 주려는 시도에서 발생한다. 전시 모드는 감정과 서사, 동선을 통해 몰입을 형성하는 데 목적이 있고, 열람 모드는 검색 · 비교 · 인용을 통해 학술적 이용을 가능하게 한다. 이 두 기능을 한 화면에 통합하면 감상 흐름은 분절되고, 연구자는 필요한 정보에 접근하기 어려워진다.

따라서 구축 단계에서 전시 모드와 열람 모드를 의도적으로 분리하는 설계가 필요해 보인다. 전시 모드는 로비-전시실-엔딩으로 이어지는 서사 구조와 최소한의 UI를 원칙으로 한다. 열람 모드는 목록 · 필터 · 검색 · 연관 추천과 인용 가능한 자료 페이지를 중심으로 구성된다.

이상적인 구조는 (A) 전시 모드에서 작품을 선택하면 작품 페이지(열람 모드)로 자연스럽게 이동하고, (B) 열람 모드에서 작품 · 주제 · 연도 · 장르를 탐색하다가 해당 작품이 포함된 전시를 다시 구성해 전시 모드로 되돌아갈 수 있는 순환 구조다. 이 분리는 사용자 목적의 분기를 존중하는 설계이며, 사이버 뮤지엄의 산만함을 줄이는 가장 현실적인 방법으로 여겨진다.

사용자 인터페이스(UI) 설계

사이버 뮤지엄의 기술은 공공성, 즉 실제로 얼마나 많은 이용자가 지속적으로 접근할 수 있는가에 의해 결정된다.

접근성 : 누가, 어디서, 얼마나 쉽게 들어오나

사이버 뮤지엄이 가장 먼저 고려하는 요소는 접근성이다. 사이버 뮤지엄이 공공재로 기능하기 위해서는 관람자가 별도의 설치나 로그인 절차, 고사양 장비 없이도 접속할 수 있어야 한다. 이러한 조건은 기술적 완성도보다 우선하며, 실제 운영 방식에도 직접적인 영향을 미친다.

이 때문에 많은 국공립 기관은 실시간 3차원 공간보다 360도 VR 영상 기반의 전시 방식을 채택해 왔다. 이 방식은 웹과 모바일 환경에서 즉시 재생이 가능하며, 접근 경로가 단순해 진입 장벽이 낮다. 운영 측면에서도 복잡한 시스템 관리 없이 영상 콘텐츠 중심으로 유지가 가능하다는 장점이 있다.

그러나 영상형 전시는 사용자가 걷고 만지고 비교하는 상호작용을 충분히 제공하기 어렵고, 작품·유물에 대한 탐색(확대·비교·연관 자료 이동)에는 한계가 있다. 반대로 Unity(WebGL) 기반의 3D 전시관은 공간적 몰입과 상호작용(이동, 오브젝트 선택, 인터랙션)을 제공할 수 있어 전시 모드에 유리하다. 다만 웹 브라우저에서의 3D는 용량 · 로딩 · 기기 성능에 민감하고, 네트워크가 약한 환경에서는 이탈이 빠르다. 또한 VR HMD까지 확장하면 몰입은 높아지지만, 장비 보급률과 사용 피로도(어지럼, 사용법)가 또 다른 장벽이 된다.

따라서 권장 전략은 단일 기술 올인이 아니라 (1) 누구나 들어오는 2D 웹(열람 모드: 목록 · 검색 · 작품 페이지), (2) 선택적으로 경험하는 3D/VR(전시 모드)로 단계를 나누는 것이다. 국제적으로는 구글(Google Arts & Culture)처럼 고해상도 이미지 · 스토리텔링 · 파트너 기관 컬렉션을 결합해 접근성 높은 아카이브형 감상을 확장하는 모델이 강점이며, 이는 개인/소규모 사이버 뮤지엄에도 참고할 만하다.

운영 난이도(업데이트/비용)

사이버 뮤지엄의 비용은 제작비(개발 · 3D · 촬영)보다 유지비(업데이트 · 서버 · 권리 관리 · 콘텐츠 편집)에서 폭증한다. 특히 Unity/WebGL 기반 3D 전시는 새로운 전시가 열릴 때마다 장면을 수정하거나 빌드를 다시 해야 하고, 보안 · 브라우저 호환성 문제까지 주기적으로 대응해야 한다. 영상은 업로드만으로 갱신이 가능하지만, 그만큼 전시 이후의 기록(아카이브)으로 확장되기 어렵다. 따라서 운영 난이도는 기술 스택의 문제가 아니라, 전시가 촬영 · 편집 · 검수 · 게시의 순서를 거쳐 사전에 완결된 결과물로 고정되는 처리 구조의 문제(파이프라인)로 봐야한다.

기관급에서는 이를 위해 CMS(콘텐츠 관리 시스템)나 인벤토리 시스템과의 연동을 고민한다. Google Arts & Culture의 Large Scale Data Program은 기관의 인벤토리 시스템에서 메타데이터 입력과 이미지 업로드를 자동화하고, 컬렉션을 동기화할 수 있다. 이 사례는 전시를 올리는 담당자가 바뀌어도 시스템이 계속 돌아가게 만드는 운영 구조가 핵심이라는 점을 보여 준다.

국내 사립 미술관의 온라인 전시도 프로그램이 한 번 열리고 끝나는 형태가 되면, 다음 전시로 갱신되지 못해 아카이브가 정지하는 문제가 반복된다. 즉 사이버 뮤지엄의 현실적 성공 조건은 (1) 전시/열람 콘텐츠를 분리해 유지 부담을 낮추고, (2) 메타데이터를 표준화해 입력 · 검수 시간을 줄이며, (3) 이미지 · 영상 · 텍스트가 재조합할 수 있는 모듈로 저장되도록 만들고, (4) 업데이트 권한과 절차(검수, 승인, 배포)를 문서로 만드는 것이다.

검증·권리·기록 정책의 필요성

사이버 뮤지엄에서 신뢰는 콘텐츠가 어떤 기준으로 검증되고 사용 · 관리되는가에 의해 형성된다.

저작권/이미지 사용 범위

AI는 이미지 보정, 번역, 요약, 해설 작성, 추천 시스템 등 구축 속도를 크게 높이지만, 가장 먼저 부딪히는 벽은 저작권 · 이용 범위 · 출처다. 사이버 뮤지엄은 관람자가 콘텐츠를 저장 · 공유 · 캡처 · 재사용하기 쉬운 환경이기 때문에 권리 정책이 불명확하면 분쟁 위험이 커진다. 따라서 구축 단계에서 최소한 (1) 소장품/작품 이미지의 권리자(작가 · 유족 · 재단 · 소장처), (2) 온라인 공개 범위(해상도, 확대 가능 여부, 다운로드 허용), (3) 2차 사용 허용 범위(교육 · 비영리 · 상업), (4) 표기 규칙(© 표기, 캡션 양식), (5) 요청 · 삭제 절차를 명문화해야 한다.

고해상도 이미지를 제공하려면 IIIF 같은 표준을 활용하는 방식도 있다. IIIF는 고품질 디지털 이미지와 객체를 온라인에서 기관 간에 표준화된 방식으로 제공 · 공유하기 위해 만들어진 국제 오픈 표준이다. IIIF는 고품질 디지털 객체를 온라인에서 규모 있게 제공하기 위한 오픈 표준(이미지 · 프레젠테이션 API)을 제시하며, 문화 기관들이 확대 · 비교 · 주석 · 출처 표기를 일관되게 제공하도록 돕는다. 결국 권리 정보가 구조화되어 있어야 AI 해설 · 검색 · 추천까지 안전하게 확장할 수 있다.

AI 해설의 출처 표기/수정 이력을 검증

AI 해설은 사이버 뮤지엄의 가장 강력한 기능(개인화된 도슨트, 다국어 번역, 수준별 설명)이 될 수 있지만, 동시에 가장 위험한 기능(환각, 과장, 편향)도 된다. 따라서 AI 해설을 도입할 때는 텍스트를 생성하는 기술보다 검증과 기록의 체계가 먼저다. 핵심은 세 가지다. 첫째, 출처 표기: 해설이 참조한 근거(도록, 논문, 기관 DB, 작가 인터뷰, 공신력 있는 웹페이지)를 최소 단위로 연결해 사용자가 어디서 나온 말인지를 따라갈 수 있게 해야 한다. 둘째, 수정 이력: 해설은 완성본이 아니라 버전을 가져야 한다. 오류가 발견되면 누가 언제 무엇을 고쳤는지 남겨야 하며, 이는 학술적 신뢰의 핵심이다. 셋째, 책임의 경계: AI가 생성한 문장은 기본적으로 초안으로 취급하고, 최종 게시 전에 큐레이터/연구자의 검수 단계를 두는 것이 안전하다.

참고문헌

국립중앙박물관 온라인 실감 콘텐츠(디지털 실감 영상관 안내 페이지). https://www.museum.go.kr/MUSEUM/contents/M0203010000.do

기획재정부(2023). “2023~2027년 국가재정운용계획”. 기획재정부.

문화체육관광부(2023). “공공 문화정보화 사업 가이드라인”. 문화체육관광부.

사비나미술관 버추얼 전시감상 투어. https://www.savinamuseum.com/kor/exlist.action?exdgb=VT

한국정보화진흥원·행정안전부(2022). 공공 정보시스템 구축·운영 지침 (행정안전부고시 제2022-31호, 2022.4.21.). 한국정보화진흥원·행정안전부. https://www.law.go.kr/LSW//admRulLsInfoP.do?admRulId=33489&efYd=0

행정안전부(2025). “행정기관 및 공공기관의 클라우드컴퓨팅서비스 이용 기준 및 안전성 확보 등에 관한 고시”. 행정안전부. https://www.law.go.kr/LSW//admRulInfoP.do?admRulSeq=2100000270616&chrClsCd=010201

e뮤지엄(2023). “e뮤지엄 소장품 조회 API 서비스”. e뮤지엄. https://emuseum.go.kr/openApi

Google Arts & Culture Platform Help. Large Scale Data Program(메타데이터 자동화·동기화 안내). https://support.google.com/culturalinstitute/partners/answer/9584243?hl=en&sjid=11733720111192346557-NC

International Image Interoperability Framework(IIIF). https://iiif.io

04
AI와 디지털 장치주의

사이버 뮤지엄에서 감상은 작품만으로 완성되지 않는다. 화면의 인터페이스, 추천 알고리즘, 전환 효과는 관람자의 시선과 시간을 조직하며 보는 방식에서 이뤄진다. 이 장은 디지털 장치가 감상을 어떻게 규정하는지 비판적으로 분석하고, 투명성과 선택권을 회복하는 설계 원칙을 제시한다.

청각장애인과 AI?

장치주의의 철학적 배경

'작품이 무엇을 말하는가?'라는 질문만으로는 현대의 감상 경험을 충분히 설명하기 어렵다. 이러한 한계 인식에서 장치주의가 출발한다.

왜 장치주의를 도입하는가

사이버 뮤지엄에서 감상은 작품 이미지 · 텍스트 · 영상만으로 완성되지 않는다. 화면의 인터페이스(메뉴 · 버튼 · 전환 효과), 추천 알고리즘(개인화 경로), 자료 수집과 분석(체류 · 이탈 · 재방문), 운영 정책(권리 표기 · 삭제 · 수정 이력) 같은 요소들이 동시에 작동하며 감상 경험을 조직한다.

관람자는 작품 앞에 서는 동시에 시스템 안으로 들어간다. 그리고 감상은 작품의 내부에서만 발생하는 것이 아니라, 작품을 보이게 만드는 조건—무엇이 먼저 뜨고, 무엇이 크게 보이며, 무엇이 추천되고, 어디로 이동하게 되는가—에 의해 구조화된다.

장치주의를 도입하는 이유는 사이버 뮤지엄이 공공성과 학술성을 획득하기 위해, 관람자에게 다양한 경로를 보장하는 설계 원칙이 필요하기 때문이다.

장치(Dispositif)의 철학적 계보

현대철학에서 말하는 장치(dispositif)는 단순한 기계나 도구를 의미하지 않는다. 장치는 말과 규범, 제도와 기술, 공간 배치와 규칙처럼 서로 다른 성격의 요소들이 결합되어 형성되는 관계의 구성물이다.

이 개념을 가장 체계적으로 제시한 인물은 미셸 푸코(Michel Foucault, 1926~1984)다. 푸코에게 장치는 담론과 제도, 건축적 배치, 규정 등이 얽혀 작동하는 총체다. 장치주의는 특정 시대에 등장한 문제를 관리하거나 통제하기 위해 조직되는 힘의 배치를 뜻한다(Foucault, 1980). 장치는 무엇이 문제로 설정되고 어떻게 다루어지는지를 미리 배열하는 구조다.

이 관점을 확장해 질 들뢰즈(Gilles Deleuze)는 장치를 보게 하고 말하게 만드는 기계로 요약한다. 장치는 무엇을 볼 수 있게 하는가, 그리고 무엇을 말할 수 있게 하는가를 동시에 생산한다. 이때 시선과 언어는 자연스럽게 주어지는 것이 아니라 장치에 의해 조직된다(Deleuze, 1992).

이러한 이해를 사이버 뮤지엄의 맥락으로 옮기면 해설 텍스트나 추천 시스템, 사용자 인터페이스는 단순한 보조 수단이 아니다. 그것들은 관람자가 무엇을 먼저 보게 되는지 어떤 설명을 당연하게 받아들이는지, 어떤 언어로 작품을 이해하게 되는지를 함께 구성한다. 장치는 관람의 내용을 전달하는 동시에 관람의 형식을 미리 짜 놓는다.

조르조 아감벤(Giorgio Agamben)은 장치의 범위를 더 넓혀, 인간의 행동과 의견, 선택을 포획하고 방향 짓는 모든 작동을 장치로 규정한다(Agamben, 2009). 이 관점에서 개인화 추천은 관람을 편리하게 만드는 기능이면서 동시에 관람자의 이동 경로를 고정하거나 습관화하는 장치로 작동할 수 있다. 선택을 돕는다는 명목 아래, 선택의 폭은 오히려 좁아질 수 있다.

사이버 뮤지엄에서 장치는 UI, 추천 알고리즘, 권리 정책, 데이터 구조가 결합된 이질적 총체로 작동하며 관람자의 시선과 해석, 이동 방식을 동시에 형성한다. 따라서 사이버 뮤지엄을 이해하기 위해서는 개별 기술이나 기능을 나열하기보다 이들이 어떤 장치적 구성으로 결합되어 있는지를 살펴볼 필요가 있다.

디지털 장치주의의 의미

이 책에서 말하는 디지털 장치주의는 다음과 같이 정리할 수 있다. 첫째, 감상은 작품의 내용만이 아니라 작품이 제시되는 기술적 · 제도적 조건(인터페이스, 추천, 데이터, 운영 정책)에 의해 조직된다. 둘째, 장치는 중립적 통로가 아니라 어떤 것을 보이게/안 보이게 하고, 어떤 속도로 이동하게 하며, 어떤 해석을 유도하는 힘을 가진다. 따라서 사이버 뮤지엄의 핵심 문제는 기술이 감상을 어떤 방식으로 설계하는지에 달려 있다. 또한 그 설계가 관람자의 자율성과 다양성을 얼마나 보장하는지가 평가 기준이 될 수 있다.

장치주의의 논리는 다음 5단계로 전개된다.

• 전제: 사이버 뮤지엄은 작품 + 디지털 시스템으로 이루어진 복합 환경이다.

• 관찰: 관람자는 작품을 보기 위해 UI를 조작하고, 추천 · 정렬 · 검색이 제시한 경로를 따라 이동한다.

• 개념화: UI/알고리즘/데이터/정책은 장치(관계망)로서 보이는 것과 말해지는 것을 함께 생산한다.

• 문제화: 장치가 강해질수록 감상은 편리해지지만, 자율성 · 다양성 · 느린 몰입이 약해질 위험이 커진다.

• 해결: 해결은 투명성과 선택권의 회복이다. 추천 이유/근거 공개, 끄기 · 강도 조절, 다양성 모드, 해설의 출처 · 수정 이력 등으로 장치의 개입을 보이게 만들고 조절할 수 있게 만든다.

인터페이스와 알고리즘

사이버 뮤지엄의 인터페이스는 관람자의 선택을 중립적으로 반영하기보다, 알고리즘을 통해 감상 흐름을 적극적으로 조직한다.

동선/추천/전환 효과

사이버 뮤지엄의 동선은 물리적 통로가 아니라 버튼, 메뉴, 링크, 전환 애니메이션으로 구성된 시선의 길이다. 관람자는 자유롭게 움직인다고 느끼지만 실제로는 다음으로 넘어가게 만드는 구조가 미리 배치되어 있다. 예컨대 전시실에서 작품을 본 뒤 자동으로 다음 작품으로 넘어가는 슬라이드 방식, 다음 추천 작품 카드, 인기 작품을 상단에 고정하는 정렬 방식은 관람자의 체류 시간을 특정 방향으로 몰아간다. 이때 장치는 단순한 표현 장치가 아니라 감상의 속도와 순서를 편집하는 힘으로 작동한다.

전환 효과(페이드, 줌, 순간 이동, UI 팝업)는 감상에 리듬을 부여하지만, 동시에 조용히 머무는 시간을 줄이고 계속 이동하라는 압박을 만들 수 있다. 특히 3D/VR 전시에서는 회전 · 이동 · 로딩의 리듬이 감정적 몰입을 쉽게 분절시키는데, 사용자는 작품을 보는 대신 조작법을 계속 의식하게 될 수 있다.

보게 되는 것의 구조

사이버 뮤지엄에서는 첫 화면(로비), 섬네일의 크기, 텍스트의 길이, 상단 배너, 검색 결과의 정렬 방식이 보이는 구조를 만든다. 현실의 전시실에서는 우연히 시야에 들어오는 작품이 있지만, 온라인에서는 우연조차 설계된다. 추천이 기본값으로 켜져 있으면 관람자는 자신의 선택이라 믿으며 사실상 추천이 준 경로를 따른다. 더 중요한 문제는 이 구조가 작품 간의 관계를 바꾸어 놓는다는 점이다. 현실에서 벽면 배열이 만들어 내는 긴장(대비, 간격, 시선의 충돌)이 있었다면, 온라인에서는 클릭 가능한 카드 묶음이 관계를 재구성한다. 카드 묶음은 편리하지만, 작품을 비슷한 것끼리 묶는 습관을 강화해 감상의 폭을 좁힐 수 있다. 즉 사이버 뮤지엄의 장치는 작품을 보여 주는 창이 아니라 작품을 분류하고 연결하는 틀이며, 그 틀은 감상자가 어떤 의미를 발견할지까지 좌우한다(Heidegger, 1977; Agamben, 2009). 장치주의 비판은 감상이 시작되는 조건－보이는 순서, 보이는 방식, 연결되는 규칙－을 문제 삼는 작업이다.

AI 큐레이션과 감상자의 자율성

AI 큐레이션은 감상의 길잡이가 될 수 있지만, 동시에 관람자의 선택 구조를 재편하는 힘을 지닌다.

개인화 추천의 장점/위험

AI 큐레이션의 장점은 분명하다. 관람자가 방대한 컬렉션 앞에서 길을 잃지 않도록 돕고 관심사에 맞는 작품을 빠르게 제시해 진입 장벽을 낮춘다. 특히 초심자에게는 무엇부터 볼지가 가장 큰 어려움이기 때문에 AI 도슨트나 개인화된 코스 추천은 관람을 시작하게 만드는 강력한 도구가 될 수 있다.

하지만 위험도 커진다. 추천이 편리해질수록 관람자는 스스로 탐색하는 시간을 줄이고 추천이 곧 정답이라는 느낌을 받기 쉽다. 더구나 추천 시스템이 체류 시간, 클릭률, 재방문율 같은 지표에 맞춰 최적화될 경우에 예술 감상의 질(느리게 보기, 불편함을 견디기, 낯선 것과 마주하기)과 충돌할 수 있다. 예술 감상은 때로 지루함을 통과한 뒤의 발견을 요구한다. 알고리즘은 지루함을 이탈 신호로 처리한다. 그 결과 AI 큐레이션이 강해질수록 관람은 매끄럽고 빠르지만 감상은 얕아지는 역설이 생길 수 있다. 문제는 AI를 쓰느냐 마느냐가 아니라 AI가 관람자의 선택을 대신하지 않도록 구조를 어떻게 설계하느냐에 있다.

다양성의 축소 문제

개인화 추천은 종종 다양성을 축소한다. 알고리즘은 사용자의 과거 행동과 유사한 콘텐츠를 제시하는 방식으로 안정적인 만족을 만든다. 그러나 예술 경험의 성장은 유사성이 아니라 불연속에서 생기기도 한다. 낯선 시대, 생소한 재료, 익숙하지 않은 해석이 감상을 확장하는데, 개인화는 그 낯섦을 줄이는 방향으로 작동하기 쉽다. 이렇게 되면 사이버 뮤지엄은 광대한 컬렉션을 가진 플랫폼임에도 관람자에게는 늘 비슷한 것만 보여 주는 공간이 된다.

더 나아가 인기 편향도 생긴다. 많은 사용자가 본 작품이 더 많이 추천되고, 더 많이 추천된 작품이 더 많이 소비되는 순환이 형성되면, 컬렉션의 주변부(소수 장르, 비주류 작가, 지역적 자료)는 점점 보이지 않게 된다. 공공기관의 사이버 뮤지엄에서 이는 특히 치명적이다. 공공 컬렉션의 목적은 인기 작품의 반복 노출이 아니라 사회적 기억을 넓히는 데 있기 때문이다.

따라서 AI 큐레이션을 도입한다면 개인화만이 아니라

무작위/다양성/탐험을 의도적으로 포함하는 추천 모드가 필요하다. 랜덤 산책, 낯선 연결, 덜 본 작품, 상반된 작품 같은 버튼은 기술이 감상을 좁히는 방향으로만 흐르지 않도록 하는 최소한의 안전장치가 된다.

투명성과 선택권 회복

사이버 뮤지엄에서 투명성은 관람자가 스스로 판단하고 선택할 수 있는 조건을 회복하는 문제와 직결된다.

근거 공개/설명할 수 있는 AI

사이버 뮤지엄에서 신뢰는 근거와 출처에서 나온다. 특히 AI가 해설을 생성하거나 추천 경로를 제시한다면 관람자는 왜 이 해석이 가능하고, 왜 이 작품이 추천되었는가를 물을 권리가 있다. 해설 텍스트에는 참고한 자료(도록, 논문, 작가 인터뷰, 기관 DB, 공신력 있는 웹페이지)를 연결하고, 추천에는 추천 이유(같은 전시 이력, 주제 태그, 재료, 시대 등)를 짧게 제시할 수 있다(Agamben, 2009).

또 하나 중요한 것은 수정 이력이다. AI 해설은 오류 가능성이 있으므로 버전 번호, 마지막 수정일, 검수자를 남기는 방식이 필요하다. 이는 학술의 본질인 검증 가능성을 온라인에서도 구현하는 장치다. 투명성이 확보될 때 관람자는 AI를 하나의 도구로 대하며 스스로 판단할 수 있다.

감상 경로 선택 설계

선택권은 관람자가 목적에 맞는 경로를 고를 수 있게 하는 설계다. 사이버 뮤지엄의 관람 목적은 다양하다. 처음 보는 사람은 쉽게 들어가는 경로가 필요하고 연구자는 인용할 수 있는 자료 경로가 필요하며 교육자는 수업용 구성 경로가 필요하다. 장치주의를 줄이는 가장 현실적인 방법은 이 목적을 전제로 방식과 경로를 명확히 분기하는 것이다. 예컨대 전시 모드는 최소 UI와 서사 중심으로 몰입을 돕고 열람 모드는 목록/검색/필터/메타데이터/인용을 중심으로 학술적 이용을 돕는다. 탐험 모드는 다양성 강화 추천으로 낯선 연결을 제공한다.

참고문헌

Agamben, G.(2009). *What is an apparatus? and other essays.* In Kishik, D. & Pedatella, S.(trans.). Stanford University Press.

Baudry, J.-L.(1974). Ideological effects of the basic cinematographic apparatus. Film Quarterly, 28(2), pp.39~47.

Deleuze, G.(1992). What is a dispositif?. In Armstrong, T. J.(ed.).

Michel Foucault, philosopher: Essays translated from the French and German, pp.159~168. Routledge.

Flusser, V.(2000). *Towards a philosophy of photography*. In Mathews, A.(trans.). Reaktion Books.

Foucault, M.(1980). *Power/knowledge: Selected interviews and other writings, 1972–1977*. In Gordon, C.(ed.). Pantheon.

Heidegger, M.(1977). *The question concerning technology. The question concerning technology and other essays*, In Lovitt, W.(trans.). Harper & Row.

05
몰입의 설계

사이버 뮤지엄의 몰입은 자극을 더하는 연출보다 집중을 끊는 요소를 줄이고, 머무를 시간을 확보하는 설계에서 만들어진다. 이 장은 몰입 방해 요인 제거, 탈물질화 속 아우라의 재구성, AI와 함께 설계하는 경험 중심의 전시, AI가 구성하는 감각적 공간 설계를 통해 사이버 감상의 미래를 가늠한다.

AI 콘텐츠 크리에이터?

몰입을 방해하는 요소

사이버 뮤지엄에서 몰입이 흔들리는 순간은 대개 작품 자체가 아니라 작품 바깥의 조작에서 발생한다.

UI·알림·로딩-끊김을 줄이는 무게 중심 설계

UI에서 선택해야 하는 버튼이 과도하게 많으면 인지 과부하가 생기고, 팝업·툴팁이 자주 등장하거나 로딩이 잦으면 감상 흐름은 반복적으로 끊긴다. 가상현실 환경에서는 이 문제가 더 크게 체감된다. 2D/3D 화면 UI를 그대로 가져오면 오히려 몰입을 해칠 수 있다는 지적이 반복되어 왔고, 이 때문에 등장인물과 관람자가 같은 세계 안에서 인식하는 디에제틱 UI(diegetic UI)처럼 UI를 가상세계 내부 사물로 흡수시키는 설계가 제안된다(김예은·김승현, 2023). 예컨대 작품 정보/해설/연보를 화면 위 버튼으로 상시 노출하기보다 전시실 안의 오브젝트(책, 스케치북, 라디오 등)에 담아 관람자가 원할 때만 꺼내게 하면, 정보는 유지하면서도 감상 구간의 시각적 소음을 줄일 수 있다. 이는 정보가 등장하는 방식과 타이밍을 재조정하는 설계다.

로딩은 단순한 대기 시간이 아니라 감정의 끊김이다. 따라서 ① 저용량 프리뷰로 무엇을 보는지를 먼저 보여 주고, ② 고해상도 이미지 · 3D 데이터를 점진적으로 불러오며, ③ 다음 작품 · 다음 방을 미리 불러오는 프리패치(prefetch)를 적용하는 것이 바람직하다. 또한 네트워크나 기기 성능이 낮은 관람자를 위해 ④ 2D 대체 모드(이미지+텍스트)를 병행 제공하면 접근성과 몰입을 함께 개선할 수 있다. 몰입형 콘텐츠의 확장된 인터페이스 연구(강지영 · 최상일, 2020)가 강조하듯이 몰입을 높이는 핵심은 화려함이 아니라 목표를 방해하지 않는 최소 조작이다. 더 나아가 몰입에서의 탈출이 사용자 경험의 일부라는 논의는 감상자가 언제든 부담 없이 빠져나올 수 있어야 다시 돌아올 수 있다는 점을 상기시킨다.

시선 고정과 정지: 멈춤이 생기는 구조 만들기

사이버 공간에서 관람자의 시선은 쉽게 흔들린다. 이동 · 회전 · 줌은 편리하지만 계속 움직이면 작품이 제공하는 미세한 감정(색의 떨림, 표면의 질감, 화면 구석의 사건)을 놓치기 쉽다. 그래서 몰입 설계의 핵심은 움직임을 늘리는 것이 아니라 멈출 수 있는 권리를 보장하는 것이다.

구현 방식은 단순하지만 효과가 크다. ① 작품 앞에 가까이 가면 자동으로 속도를 줄이거나 카메라 구도를 안정시키고, ② 일정 시간 이상 머무르면 UI가 더 줄어드는 집중 구간을 만들며, ③ 한 작품 집중 모드를 제공해 주변 링크 · 추천 유도를 잠시 숨기는 방식이다. 특히 헤드마운트디스플레이(HMD) 기반 VR에서는 시야각 · 트래킹 · 광학계(렌즈) 품질이 몰입과 직결되므로 기기 환경에 따라 안전한 이동 방식과 화면 구성(텍스트 위치 · 크기)을 달리하는 기기별 가이드가 필요하다(김영진 · 이용환, 2017). 또한 모바일 VR 이동 인터페이스 연구가 지적하듯이 이동 방식이 복잡할수록 학습 비용과 멀미 위험이 커질 수 있으므로 걷기/텔레포트/자동 동선을 상황별로 분기하되 기본값은 인지 부담이 낮은 방식으로 두는 편이 유리하다(홍승현 외, 2021). 정지는 미학적 선택이면서 동시에 생리적 피로를 줄이는 기술적 선택이다.

탈물질성과 아우라의 재구성

디지털 매체는 예술의 탈물질화를 가속하는 동시에 아우라 개념의 재해석을 요구한다.

복제의 시대에서 아우라 다시 읽기

사이버 뮤지엄의 작품은 대개 원본이 아니라 이미지 · 영상 · 3D 데이터로 만난다. 베냐민은 기술 복제 시대에 예술 작품에서 손상을 입는 것이 '아우라'라고 말하며 예술 작품은 제의 가치에서 전시 가치로 중심이 옮겨간다고 분석했다(발터 벤야민, 2016).

디지털 시대의 아우라는 단지 원본에 붙은 신비가 아니라 특정한 매체 조건과 관람 방식 속에서 사회적으로 구성되는 경험 효과로 변형될 수 있다. 디지털 매체 환경에서 아우라가 붕괴만 하는 것이 아니라 디지털 아우라 형태로 변형된다. 이는 사이버 뮤지엄이 원본의 권위를 대신해 경험의 설계로 정당성을 얻을 수 있음을 시사한다(강진숙 · 한찬희, 2009).

아우라를 만드는 조건: 거리·희소성·기록성

사이버 뮤지엄에서 아우라는 공간의 물질이 아니라 관계의 설계로 만들어질 가능성이 크다. 첫째, 거리의 재설계다. 실제 거리(몇 m) 대신, 관람자가 작품에 도달하기까지 통과한 맥락(작가의 말, 자료의 축적, 전시 서사)이 거리 역할을 한다. 둘째, 희소성의 재설계다. 디지털은 무한 복제가 가능하므로 희소성은 물질이 아니라 접근 권한(특정 시간, 특정 전시 코스, 특정 연구 자료)과 검증된 기록(출처, 버전, 수정 이력)에서 생긴다. 셋째, 기록성이다. 사이버 뮤지엄의 강점은 전시가 끝난 뒤에도 남는 구조에 있다. 작품 메타데이터, 연구 노트, 세미나 영상, 관련 문헌이 연결되고 업데이트되면 관람자는 작품을 한 번 보고 끝나는 대상이 아니라 돌아와서 다시 읽는 대상으로 경험한다. 반복 가능한 재방문 구조가 곧 디지털 아우라의 핵심 조건이 된다(김석진, 2011; 강진숙 · 한찬희, 2009).

AI와 함께 설계하는 경험 중심의 전시

AI는 관람 경험을 세밀하게 조율하는 설계 도구로 작동할 수 있다.

AI 큐레이션: 경험 설계

AI를 전시에 도입할 때 가장 흔한 형태는 개인화 추천이다. 그러나 사이버 뮤지엄에서 중요한 것은 무엇을 추천하느냐보다 어떤 경험을 설계하느냐다. 박물관 전시 기획에서 AI 기반 큐레이션을 디자인싱킹 관점으로 분석한 연구는 문제 정의 → 아이디어 도출 → 프로토타입 → 검증의 반복으로 서비스가 혁신된다고 정리한다(이보람, 2025). 이 논의를 사이버 뮤지엄에 적용하면 AI는 단순히 유사 작품을 추천하는 엔진이 아니라, 관람 목적(처음 방문/교육용/연구용/감정적 치유/지역 문화 탐방 등)에 따라 경험 시나리오를 구성하고 동선 · 자료 · 해설의 양과 속도를 조절하는 조정자가 된다.

실무적으로는 전시 모드/열람 모드/탐험 모드를 분리하고 AI는 모드에 따라 역할을 달리하는 방식이 가능하다. 전시 모드에서는 추천을 최소화해 몰입을 우선하고 열람 모드에서는 출처 · 관련 문헌 연결을 강화해 학술성을 우선하며, 탐험 모드에서는 다양성(랜덤 산책, 덜 본 작품, 상반 연결)을 의도적으로 높이는 식이다.

여기서 핵심 원칙은 투명성이다. 추천과 경로 제시는 관람자의 시선을 바꾸기 때문에, 왜 이 경로가 제시되었는가를 짧게 설명하는 기능이 있어야 AI가 권위가 아니라 도구로 남는다. AI 기반 큐레이션 서비스를 설계할 때도 기술 구현만이 아니라 이용자 신뢰를 형성하는 설명 가능성과 검증 절차를 함께 고려해야 한다는 점이 강조된다(이보람, 2025).

AI 도슨트·해설

경험 중심 전시에서 AI 도슨트는 유용하지만 위험도 함께 있다. AI 해설이 편리해질수록 관람자는 스스로 읽고 탐색하는 시간을 줄일 수 있고, 오류나 편향이 발생할 때 검증할 수 있는 기록이 없으면 신뢰가 무너진다. 따라서

AI 해설은 ① 출처(도록, 논문, 작가 인터뷰, 기관 DB), ② 버전 · 수정 이력, ③ 최종 검수 주체를 기본으로 갖춰야 한다. 이 구조는 사이버 뮤지엄이 뮤지엄으로서 학술성을 확보하는 최소 조건이다.

또한 경험 중심 설계는 감정의 속도를 고려한다. 몰입형 전시 경험 모델을 다룬 연구는 상호작용성과 기술적 장치가 관람 경험을 확장하되, 관람자와 전시 콘텐츠 사이의 소통을 촉진하는 커뮤니케이션 요소가 설계에 포함돼야 한다고 강조한다(이우동 · 이진우, 2025). 사이버 뮤지엄에서는 해설의 양/타이밍을 조절하는 것이 특히 중요하다.

예컨대 기본은 1~2문장(감정 방해 최소), 원할 때 200~400자(맥락 제공), 연구자는 참고문헌 · 자료 탭(심화)으로 구성하는 3단 구조가 유효하다. AI는 이 층위를 관람자 수준과 목적에 맞춰 자동으로 제안할 수 있다.

AI가 구성한 감각적 공간 설계

생성형 AI 전시 디자인: 공간 경험(연상성)과 감각 환경

생성형 AI는 전시 이미지 제작뿐 아니라 공간의 분위기(색, 빛, 밀도, 패턴)를 빠르게 변주할 수 있다. 생성형 AI

기반 전시 디자인이 관람객의 공간 경험, 특히 연상성에 어떤 영향을 주는지 분석한 연구는 AI와 디자이너의 상호작용적 결합이 전시 경험을 설계할 수 있음을 보여 준다(양류 외, 2024). 이 결과는 사이버 뮤지엄에도 중요하다. 관람자가 오래 머무는 이유는 정보량이 아니라 감각적 리듬이 안정되고 작품과 환경이 서로를 압도하지 않는 균형이 만들어질 때이기 때문이다.

따라서 AI 공간 설계는 시각적 과잉을 경계해야 한다. 작품 감상 구간은 조도 · 색온도 · 배경 움직임을 안정적으로 유지하고, 이동 구간에서만 변화(빛의 방향, 사운드 밀도, 장면 전환 속도)를 주어 호흡이 생기게 한다. AI는 조도 · 색 · 소리 · 속도 같은 파라미터 조합을 빠르게 탐색하는 데 강점이 있으므로, 몰입이 깨지지 않는 범위(최대 움직임, 최대 소리, 최소 정지 시간)를 규칙으로 두고 생성 · 검증을 반복하는 방식이 유효하다.

DX·멀티모달 관점: 시각 중심을 넘어 몸의 감각 설계

사이버 뮤지엄의 감각 설계는 시각에만 머물면 쉽게 피로해진다. 박물관 DX 전략을 멀티모달(빛, 소리, 움직임, 상호작용) 경험 구조로 파악한 이아현(2024)은 사례 분석을 통해 멀티모달 인터랙션이 몰입감과 차별화된 관람 경험의 형성의 가능성과 전시 전략과 서비스 청사진을 제안한다.

이 관점은 사이버 뮤지엄에도 유효하게 응용될 수 있다. 예를 들어 사운드는 음악보다 환경음(잔향, 발걸음, 바람)을 낮게 깔아 현존감을 보조하고, 속도는 관람자가 조절할 수 있게 하며, 빛은 작품 정보 전달(보이게 하는 빛)과 분위기 연출(느끼게 하는 빛)을 분리해 과잉 자극을 줄이는 방식으로 설계할 수 있다. 또한 헤드마운트 디스플레이 환경에서 디스플레이, 시야각(viewing angles), 트래킹(tracking), 렌즈를 통한 선명도(sharpness)는 하드웨어 요소가 몰입감의 영향이 크므로 기기 성능과 환경에 따라 권장 모드를 제안하는 접근이 필요하다(김영진 · 이용환, 2017).

결국 AI가 구성한 감각적 공간 설계의 목표는 작품에 머무를 수 있는 몸의 조건을 만드는 것이다. 관람자 충성도와 같은 운영 지표를 논의하는 연구들이 시사하듯이 인터랙션은 몰입을 강화할 수도 있지만 과잉 설계되면 감상 흐름을 끊을 수도 있다(류커준 · 최석, 2025). 따라서 몰입 설계에서 중요한 것은 상호작용의 양을 늘리는 것이 아니라 감상 흐름을 방해하지 않는 범위에서 신체적 체류를 지지하는 방식으로 이를 절제하여 배치하는 것이다.

마지막으로, 사진 경험에서 응시와 정동의 관계를 분석한 논의가 보여주듯, 깊은 감상은 종종 멈춤과 응시에서 시작된다. 사이버 뮤지엄은 기술을 정리하고 비워내는 방식으로 먼저 확보해야 한다.

참고문헌

강지영·최상일(2020). "몰입형 가상현실 콘텐츠의 확장된 인터페이스에 대한 연구". 《디지털콘텐츠학회논문지》, 21(9), 1599~1606쪽.

김석진(2011). "사진, 매체, 그리고 아우라의 변형: 디지털사진과 디지털아우라". 《민족미학》, 10(2), 155~186쪽.

김영진·이용환(2017). "몰입감을 중점으로 한 HMD 발전동향". 《현대사진영상학회논문집》, 20(3), 39~52쪽.

류커준·최석(2025). "박물관 AR 전시에서 인터랙션 디자인이 충성도에 미치는 영향: 몰입의 상관성에 관한 연구". 《한국콘텐츠학회논문지》, 25(8), 319~330쪽.

발터 벤야민(2016). 『기술복제 시대의 예술작품』. 최성만 번역. 길.

양류 외(2024). "생성형 AI 기반 전시디자인에 대한 공간 경험 분석: 관람객의 연상성을 중심으로". 《기초조형학연구》, 25(2), 227~241쪽.

이보람(2025). "디자인씽킹을 활용한 박물관의 AI 기반 전시 큐레이션 서비스 혁신 연구". 《비즈니스융복합연구》, 10(2), 231~240쪽.

이아현 외(2024). 멀티모달 청사진 기반 DX 박물관 전략 연구: Z세대를 중심으로. 디자인학연구, 37(4), 149~178.

이우동·이진우(2025). “확장된 상호작용적 경험 모델에 기반한 몰입형 전시 경험 연구: ‘반 고흐를 만나다’ 전시를 중심으로”. 《문화예술경영학연구》, 18(2), 103~126쪽.
홍승현 외(2021). “모바일 가상현실에서의 이동 인터페이스에 관한 연구”. 《컴퓨터그래픽스학회논문지》, 55~63쪽.

06
현실 뮤지엄과 사이버 뮤지엄

현실 뮤지엄은 몸이 경험하는 공간에서 작품과 만나는 방식이고, 사이버 뮤지엄은 접속과 확장을 통해 전시 · 기록 · 학습을 다시 엮는 방식이다. 이 장은 두 체계가 경쟁 관계가 아니라 서로 다른 강점을 분담하고 연결할 때 어떤 새로운 뮤지엄 모델이 가능한지 검토한다.

AI와 민주주의?

몸의 경험과 접속과 확장

현실 뮤지엄의 핵심 자원은 물질이다. 작품의 크기, 표면, 질감, 냄새, 울림, 관람자의 동선과 피로까지 포함한 몸의 조건이 한 덩어리로 작동한다. 우리가 현실 전시에서 흔히 말하는 현장감은 작품만의 속성이 아니라, 작품 · 공간 · 관람자가 만들어 내는 일회적 상황(그때, 그 장소)의 효과다.

물질성/공간감/아우라

사이버 뮤지엄은 이 물질성을 그대로 재현하기 어렵다. 대신 아우라를 원본의 신비가 아니라 경험 효과로 재구성하는 방향이 가능하다. 예컨대 전시가 끝난 뒤에도 남는 연구 노트, 작가 인터뷰, 세미나 영상, 버전이 기록된 해설, 연결된 참고문헌이 쌓이면 관람자는 다시 돌아와 읽는 감상을 하게 된다. 현실의 아우라가 한 번의 방문을 중심으로 생긴다면, 사이버의 아우라는 반복할 수 있는 재방문 + 기록성을 중심으로 구성될 수 있다(강진숙 · 한찬희, 2009; 김석진, 2011).

또한 사이버는 현실에서 불가능한 비교 · 확대 · 주석(annotation)을 제공할 수 있다. 고해상도 확대, 다른 기관 소장품과의 병치, 학술 주석과 해설의 버전 관리가 결합하면 물질성의 결핍을 지식의 밀도로 일부 보완할 여지가 생긴다. 이 지점에서 IIIF 같은 표준은(딥줌, 주석, 공유) 디지털 아카이브의 질을 결정짓는 핵심 인프라가 된다.

접근성/확장성/반복 학습

사이버 뮤지엄의 가장 분명한 강점은 접근성이다. 거리 · 시간 · 신체 조건의 제약을 줄여서 더 많은 사람이 접속할 수 있다. 국립현대미술관 디지털 미술관처럼 현실 전시를 온라인에서 체험할 수 있는 콘텐츠는 현장 방문이 어려운 관람자에게 입구를 제공한다.

국립중앙박물관의 온라인 실감 콘텐츠는 웹 · 모바일 · VR 기기 연동 방식으로 재생된다. 이 사례는 사이버 뮤지엄이 반드시 독립 플랫폼 하나로만 존재하는 것이 아니라, 유튜브 같은 대중적 매체를 접속 인프라로 삼을 수 있음을 보여 준다.

접근성은 곧 반복 학습의 기반이 된다. 현실 뮤지엄은 방문의 비용(이동 · 시간 · 티켓)이 크지만, 사이버는 재방문 비용이 낮다. 따라서 사이버 뮤지엄은 교육 · 연구에서 강점을 갖기 쉽다. 다만 이 강점은 콘텐츠가 누적되고 업데이트되는 구조가 있을 때만 실현된다.

전시 업로드: 구조(인력·권리·운영)

사이버 뮤지엄에서 운영 병목은 인력 배치와 성과 평가 방식이 결합된 운영 구조의 문제다.

공공기관의 성과 관리 지표(KPI)와 예산 구조

온라인 전시가 업로드에 머무는 가장 큰 이유는 기술 부족이라기보다 운영 구조가 전시 주기에 맞춰 설계되어 있기 때문이다. 현실 전시는 개막 · 폐막이 명확하고 예산과 인력이 그 시점에 집중된다. 반면 사이버 뮤지엄(특히 아카이브 · 학술 영역)은 업데이트가 끝나지 않는 사업이다. 메타데이터 정비, 권리 정리, 해설 수정, 링크 관리, 파일 포맷 마이그레이션이 계속 이어져야 한다.

그러나 공공 기관의 성과 관리 지표(KPI)는 단기간 산출물(콘텐츠 수, 조회수, 행사 횟수)에 기울기 쉽다. 박물관 통계 지표를 국제표준(ISO) 관점에서 재검토한 국내 연구는 무엇을 측정하고 집계할지가 운영의 방향을 좌우한다는 점을 강조한다(엄태용, 2021). 또한 스마트 전시 환경의 성과 평가 지표 개발 연구는 새로운 전시 환경에서도 성과를 측정할 지표가 부재한 상황을 지적하며 지표 설계를 제안한다.

사이버 뮤지엄을 업로드에서 운영으로 바꾸려면 KPI

자체가 바뀌어야 한다. 예를 들어 (1) 메타데이터 완성도, (2) 출처 · 권리 표기율, (3) 업데이트 주기(버전 관리), (4) 교육 · 연구 활용도(인용 · 링크 · 다운로드), (5) 접근성(저사양 대체 모드 제공) 같은 지표가 필요하다. 그래야 예산이 유지 · 관리에 배분될 근거가 생긴다.

저작권/열람 범위의 한계

사이버 뮤지엄에서 권리(저작권)는 곧 열람 범위다. 작품 이미지를 공개할 수 있는지, 고해상도를 제공할 수 있는지, 2차 활용을 허용하는지에 따라 온라인 콘텐츠의 깊이가 달라진다.

국립현대미술관은 홈페이지 콘텐츠 이용(FAQ)에서 소장품 · 전시 이미지 등 웹사이트 콘텐츠의 이용 조건과 절차를 안내한다. 국립중앙박물관 역시 홈페이지 저작권 정책 및 사진 자료 이용 안내를 통해 이용 범위와 신청 절차, 유의사항을 명시한다. 즉 기관은 공공성 확대와 권리 · 보존 · 수익 구조 사이에서 혼합 정책을 구성한다. 중요한 것은 관람자에게 왜 제한되는지를 설명하고, 가능한 범위에서 최소한의 학술적 열람(메타데이터 · 저작권 정보 · 저작물 출처)을 유지하는 것이다.

역할 분담 + 네트워크

분산형 협력(대학/기관/작가)

사이버 뮤지엄을 한 기관이 혼자 감당하기는 어렵다. 콘텐츠 제작(촬영 · 3D), 데이터 관리(메타데이터 · 표준), 학술(연구 · 해설), 권리(계약 · 이용 범위), 운영(CMS · 업데이트)이 모두 필요하기 때문이다. 따라서 현실적으로는 분산형 협력이 가장 강력한 모델이다. 예를 들어 대학 연구실은 메타데이터 표준 · 주석을 담당하고, 기관은 소장 · 보존 · 권리 관리를 담당하며, 작가 · 유족 · 재단은 작품 이미지 이용 범위와 해설 검수를 담당하는 식의 역할 분담이 가능하다. 국내 복합 문화 공간(도서관+기록관+박물관) 운영 활성화 연구에서도 예산 · 인력 부족 문제가 지적되며, 운영 의사 결정과 협력 구조가 핵심 동력임을 강조한다(유소연 · 김지현, 2022).

디지털 아카이브와 오프라인 보존의 결합

현실 뮤지엄은 오브젝트 보존(물질 유지)의 책임을 지고, 사이버는 기록 · 열람 · 연결(지식의 접근성)의 책임을 지는 방식으로 역할을 나눌 수 있다. 이때 핵심은 연결 표준이다. 기관마다 다른 뷰어, 다른 포맷으로 디지털화를 하더라도 표준을 통해 서로 연결되면 하나의 네트워크 뮤지엄처럼 작동할 수 있다.

현실 뮤지엄과 사이버 뮤지엄의 차이는 단순히 공간의 물리성과 비물리성에 있지 않다. 그것은 경험이 발생하는 조건과 지식이 축적되는 방식의 차이이다. 현실 뮤지엄이 몸의 감각을 통해 단회적 경험을 만들어 낸다면, 사이버 뮤지엄은 기록과 연결을 통해 경험을 반복 가능하게 만든다. 중요한 것은 각자의 한계를 어떻게 보완하고 결합할 것인가에 있다고 여겨진다. 이때 사이버 뮤지엄은 현실 전시의 복제물이 아니라, 전시 이후에도 지속되는 연구 · 교육 · 기억의 장으로 기능할 수 있다. 반대로 현실 뮤지엄은 디지털로 환원될 수 없는 물질성과 현장성을 통해 감상의 기준점을 제공한다. 두 체계가 분리된 채 병존할 때가 아니라, 역할을 분담하고 데이터를 공유할 때 뮤지엄은 하나의 확장된 생태계로 작동할 수 있다.

따라서 미래의 뮤지엄은 하나의 건물이나 하나의 플랫폼이 아니라 현실과 사이버가 연결된 네트워크로 이해되어야 한다.

참고문헌

강진숙·한찬희(2009). “디지털 출판콘텐츠의 제작·이용에 대한

매체미학적 연구: 벤야민의 아우라 붕괴와 기술복제 관점을 중심으로". 《한국출판학연구》, 35(2), 145~170쪽.
국립중앙박물관 온라인 실감 콘텐츠/디지털 실감 영상관. https://www.museum.go.kr/MUSEUM/contents/M0203010000.do
국립중앙박물관 저작권정책. https://www.museum.go.kr/MUSEUM/contents/M3304000000.do
국립중앙박물관 사진자료 이용 안내. https://www.museum.go.kr/MUSEUM/contents/M0508030000.do
국립현대미술관 홈페이지 콘텐츠(소장품/전시 이미지 등) 이용 안내(FAQ). https://www.mmca.go.kr/pr/FAQ.do
김석진(2011). "사진, 매체, 그리고 아우라의 변형: 디지털사진과 디지털아우라". 《민족미학》, 10(2), 155~186쪽.
문화포털. 디지털문화자원 3D 데이터(국립중앙박물관 소장처 표기). https://culture.go.kr/share/dgtlcltrsc/dgtlCltRscList.do?srchVal=국립중앙박물관
엄태용(2021). "국내 박물관 통계지표의 개선에 관한 연구: ISO 18461:2016을 중심으로". 《문화정책논총》, 35(3), 65~121쪽.
유소연·김지현(2022). "국내 라키비움 운영 활성화 방안에 관한 연구". 《한국비블리아학회지》, 33(3), 205~237쪽.
Tate. tategallery/collection(Tate Collection metadata, CC0). GitHub repository. https://github.com/tategallery/collection

07
감상의 철학

사이버 뮤지엄은 작품을 보여 주는 기술이 아니라 감상이 일어나는 조건을 다시 짜는 환경이다. 이 장은 감상을 눈앞의 이미지 소비가 아니라 의미가 생성되는 과정으로 이해하고, 설계된 흐름 속에서도 관람자의 자율성과 관계 맺기가 어떻게 회복될 수 있는지를 철학적으로 점검한다.

AI와 애니메이션?

의미가 생기는 과정으로서의 감상

사이버 뮤지엄은 감상이 일어나는 조건을 다시 짜는 환경이다.

의미가 생기는 과정으로서의 감상

감상은 흔히 좋다/예쁘다/불편하다 같은 즉각적 반응으로 출발한다. 그러나 그 반응이 감상의 전부는 아니다. 감정은 감상을 여는 문이고, 해석은 그 문을 지나 왜 그렇게 느꼈는지를 따라가는 길이다. 중요한 것은 감정과 해석이 서로 대립하지 않는다는 점이다. 감정이 없는 해석은 빈약해지기 쉽고, 해석이 없는 감정은 금세 소모된다. 그래서 감상은 대체로 느낌 → 말하기 → 다시 보기의 순환을 갖는다. 이 순환이 성립할 때, 관람자는 작품을 한 번 보고 끝내는 대상이 아니라 다시 돌아와 읽는 대상으로 경험한다.

존 듀이가 말한 "경험으로서의 예술"은 감상을 결과(평가)보다 과정(경험의 조직)으로 보게 한다(Dewey, 1934). 감상은 단순히 정보를 받아들이는 일이 아니라, 지각 · 감정 · 기억 · 언어가 연결되며 하나의 경험 단위를 형성하는 일이다. 사이버 환경에서는 이 경험 단위가 쉽게 잘린다. 빠른 스크롤, 연속 재생, 다음 카드의 유도,

잦은 전환은 감정이 해석으로 넘어갈 시간을 빼앗는다. 반대로 정지할 수 있는 장면, 조용한 여백, 최소 UI가 확보되면 감정은 말이 될 힘을 얻고, 말은 다시 보기를 요청한다. 결국 감상은 관람자의 성향만이 아니라 환경이 제공하는 시간과 리듬에 의해 강화되거나 약화할 수 있다.

메를로퐁티의 지각 철학은 이 문제를 더 분명히 한다. 지각은 머릿속에서 해석되는 정보가 아니라 몸이 세계와 관계 맺는 방식이다(Merleau-Ponty, 1945). 현실 전시에서 우리는 거리, 발걸음, 고개 각도, 주변 소음과 온도 같은 조건 속에서 작품을 몸으로 본다. 사이버 뮤지엄은 몸의 조건을 그대로 가져올 수 없지만 새로운 몸—마우스 · 터치 · 시선 커서 · HMD의 움직임—을 통해 지각을 다시 조직할 수 있다.

맥락이 감상을 바꾸는 방식

같은 작품도 전시 맥락이 바뀌면 다른 작품처럼 보인다. 현실 전시실에서 작품은 벽면 높이, 조명, 옆 작품과의 관계, 전시 제목과 설명, 관람자의 동선 안에서 의미가 생긴다. 사이버 뮤지엄에서는 이 맥락이 오히려 더 중요해진다. 화면 속 작품은 고립된 이미지가 되기 쉽고, 맥락이 빈약하면 감상은 클릭 가능한 카드 소비로 축소되기 때문이다.

사이버 뮤지엄이 맥락을 만드는 방식은 크게 세 층으로 정리할 수 있다.

첫째, 서사 맥락이다. 전시가 하나의 질문을 따라 흐르게 만드는 방식(프롤로그-전개-에필로그)이다. 서사는 무엇을 보여 주느냐만이 아니라 무엇을 먼저 보여 주느냐를 결정한다. 이 순서는 해석의 방향을 만든다.

둘째, 학술 맥락이다. 작품 메타데이터, 참고문헌, 인터뷰, 세미나 영상, 해설 버전과 수정 이력이 연결될 때 감상은 검증 가능한 읽기로 확장된다. 가다머가 말한 해석의 구조—전통과 현재가 만나 지평이 융합되는 과정—는 감상이 단독 감정이 아니라 맥락과의 대화임을 보여 준다(Gadamer, 1960). 사이버 뮤지엄의 학술 맥락은 바로 이 대화를 가능하게 하는 자료의 층위다.

셋째, 관계 맥락이다. 다른 관람자의 기록(메모, 북마크, 큐레이션 공유)과 연결되어 작품이 사회적 기억으로 남는 층이다. 같은 작품도 어떤 경로로 들어왔는지, 누구의 말과 함께 읽었는지에 따라 의미가 달라진다. 관계 맥락은 감상을 개인의 취향에서 공적 대화로 옮긴다.

이때 중요한 사실 하나는 인터페이스 자체가 맥락의 일부라는 점이다. 마노비치가 말하듯 디지털 매체에서 인터페이스는 콘텐츠의 포장이 아니라 콘텐츠를 조직하는 언어다(Manovich, 2001). 섬네일의 크기, 텍스트 길이, 검색 결과 정렬, 다음 추천의 위치 같은 것들이 무엇을 중요하게 보이게 할지 결정한다. 결국 사이버 뮤지엄의 맥락은 글과 설명만으로 만들어지지 않는다. UI와 알고리즘이 보이는 것의 질서를 만들고, 그 질서가 감상의 가능 범위를 정한다.

감상자의 자율성

감상자의 자율성은 선택 가능한 동선의 설계에 의해 좌우된다.

선택 가능한 동선

기술은 언제나 흐름을 만든다. 현실 전시는 동선이 어느 정도 정해져 있어도 관람자가 멈추고 되돌아가고 건너뛰는 자유가 있다. 사이버 뮤지엄은 오히려 이 자유가 좁아질 수 있다. 자동 재생, 다음 추천, 인기 정렬은 움직임을 촉진하지만 선택을 줄이기 때문이다.

자율성 회복의 핵심은 복수의 길을 제도화하는 것이다. 예를 들어 하나의 전시라도 ① 10분 코스(핵심 5점), ② 30분 코스(서사 중심), ③ 연구 코스(자료 · 원문 · 참고문헌), ④ 탐험 코스(랜덤 산책/낯선 연결)처럼 여러 경로를 제공할 수 있다. 중요한 것은 이 경로들이 서로 배타적이지 않고, 언제든 갈아탈 수 있어야 한다는 점이다. 관람자가 내가 지금 어떤 모드에 있는지를 인지할 수 있도록, 경로의 목적과 기준(왜 이 작품이 연결되는지)을 짧게 설명하는 장치도 필요하다.

랑시에르의 '해방된 관객 논의'는 이 설계를 철학적으로 뒷받침한다. 관객은 수동적 수용자가 아니라 이미 연결하고 비교하고 번역하는 해석자다. 관람의 핵심은 따르게 하는 교육이 아니라, 스스로 관계를 만들 수 있는 능력의 존중이다(Rancière, 2008). 사이버 뮤지엄에서 자율성은 이용자가 선택을 조절할 권리를 주는 것에서 생긴다. 추천이 있다면 추천을 끌 수 있어야 하고 추천이 작동한다면 그 근거가 드러나야 한다.

자율성의 또 다른 핵심은 해설의 다층 구조다. 해설은 좋은 감상을 열어주지만, 과도한 해설은 감상을 대신한다. 특히 AI 해설은 완결된 말처럼 보이기 쉬워 관람자의 해석을 가로막을 수 있다. 따라서 해설은 한 번에 다 주는 설명이 아니라 단계적으로 열리는 구조여야 한다.

실무적으로는 다음의 3~4층 구조가 가장 안정적이다. (1) 1~2문장: 감정을 방해하지 않는 최소 힌트, (2)

200～400자: 맥락을 제공하는 중간 설명, (3) 연구 노트: 출처 · 참고문헌 · 작품 이력 · 대안 해석까지 포함하는 심화 자료, (4) 관람자 메모: 관람자가 자기 말로 남기는 기록(공개/비공개 선택).

이 구조는 관람자의 속도를 존중한다. 감상자는 멈출 수 있고, 원하면 깊어질 수 있다. 그리고 AI가 개입한다면, 그 텍스트는 반드시 출처와 버전(수정 이력)을 갖춰 검증 가능한 말로 운영되어야 한다. 자율성은 결국 정보의 양이 아니라 선택 가능한 깊이에서 나온다.

관계를 만드는 장

사이버 뮤지엄에서 자율성은 감상을 어떻게 남기고 다음 경험으로 연결할 수 있는가의 문제로 확장된다.

참여/기록/공유

사이버 뮤지엄의 잠재력은 전시를 전달하는 데서 끝나지 않는다. 디지털 환경은 참여와 기록을 쉽게 만든다. 참여는 단순한 댓글이 아니라, 감상자가 자신의 경로를 만들고(나만의 전시 코스), 그 경로를 공유하며(링크/QR), 그 과정에서 기록이 남아 다음 감상으로 이어지는 구조를 뜻한다. 이때 중요한 원칙은 참여가 작품을 압도하지 않게 설계하는 것이다. 참여 기능은 감상 모드에서는 숨기고, 열람/공유 모드에서만 드러나게 하거나, 관람이 끝난 뒤 자연스럽게 기록하기가 나타나게 하는 방식이 바람직하다.

관계 미학은 예술을 완성된 오브젝트보다 관계가 발생하는 상황으로 본다(Bourriaud, 2002). 이 관점은 사이버 뮤지엄의 커뮤니티 설계에 직접 연결된다. 중요한 것은 팬덤처럼 동일 취향을 반복하는 구조가 아니라, 서로 다른 관점이 만나 해석이 충돌하고 확장되는 공적 장을 만드는 일이다. 그래서 커뮤니티에는 규칙이 필요하다. 예컨대 (1) 해설과 메모의 출처 표시(인용/번역/생성 여부), (2) 서로 다른 해석을 병치하는 기능, (3) 수정 이력과 토론 기록, (4) 교육자/연구자/일반 관람자가 섞일 수 있는 층위가 그 규칙이 된다. 이런 규칙이 없다면 커뮤니티는 소음이 되고, 규칙이 있다면 커뮤니티는 기억의 인프라가 된다.

여기서 베냐민의 아우라 논의는 사이버 뮤지엄이 무엇으로 정당성을 얻는지 다시 묻게 한다. 기술 복제는 전통적 아우라를 약화시키지만, 동시에 새로운 전시 가치와 새로운 감상 방식을 낳는다(Benjamin, 1936). 사이버 뮤지엄이 현실의 물질성을 그대로 재현할 수 없다면, 다른 방식의 경험 효과를 만들어야 한다. 그 후보는 반복 가능한 재방문과 기록성이다. 해설이 버전으로 관리되고, 출처가 연결되고, 관람자의 기록이 축적될 때 작품은 한 번 보고 끝나는 대상이 아니라 시간을 두고 다시 읽는 대상이 된다. 사이버 뮤지엄의 감상은 이미지의 소비가 아니라 관계와 기록이 누적되며 의미가 생성되는 과정이다. 그리고 그 과정이 가능하려면 기술은 화려함이 아니라 조건의 윤리—시간, 선택, 검증, 관계—로 설계되어야 한다.

참고문헌

Barthes, R.(1980). *Camera lucida: Reflections on photography.* Hill and Wang.

Benjamin, W.(1936). The Work of Art in the Age of Its Technological Reproducibility.

Bourriaud, N.(2002). Relational Aesthetics. Les presses du réel.

Dewey, J.(1934). Art as Experience. Minton, Balch & Company.

Gadamer, H.-G.(1960). Wahrheit und Methode. Mohr Siebeck.

Manovich, L.(2001). The Language of New Media. MIT Press.

Merleau-Ponty, M.(1945). Phénoménologie de la perception. Gallimard.

Rancière, J.(2008). The Emancipated Spectator. Verso.

08
사이버 뮤지엄의 사회적 가능성

사이버 뮤지엄은 전시의 대체물이라기보다 교육 · 복지 · 지역 문화의 공공 서비스를 확장하는 플랫폼이 될 수 있다. 이 장은 접근성, 돌봄(정서), 지역 기억의 번역이라는 세 축에서 사이버 뮤지엄이 사회적 격차를 줄이고 문화 향유의 권리를 넓힐 수 있는 조건을 사례와 함께 검토한다.

AI와 인재 채용?

교육, 복지, 지역 문화로의 확장

"박물관은 사회를 위해 봉사하는 비영리의 영구적인 기관으로서, 유형 및 무형의 유산을 연구, 수집, 보존, 해석 및 전시합니다. 박물관은 대중에게 개방되어 있으며, 접근 가능하고 포용적이며, 다양성과 지속 가능성을 촉진합니다. 박물관은 윤리적이고 전문적으로, 그리고 공동체의 참여와 함께 운영 및 소통하며, 교육, 즐거움, 성찰 및 지식 공유를 위한 다양한 경험을 제공합니다."

국제박물관협의회(International Council of Museums, ICOM)는 2022년 8월 24일 체코 프라하에서 열린 제26차 ICOM 총회에서 박물관의 정의를 50년 만에 새롭게 채택했다. 이 새로운 정의는 18개월에 걸친 4차례의 협의 과정을 통해 126개국의 박물관 전문가들이 참여하여 마련되었으며, 총회에서 92.41%의 찬성으로 승인되었다.

이 정의는 박물관의 역할이 단순한 유물 전시를 넘어, 사회적 포용, 공동체 참여, 지속 가능성, 윤리적 운영 등 현대 사회의 요구를 반영하도록 확장되었음을 보여 준다. 사이버 뮤지엄의 사회적 가능성은 바로 이 확장된 정의와 연결된다. 사이버 뮤지엄은 전시를 온라인으로 옮기는 기술이 아니라 접근성과 포용성의 조건을 다시 설계하는 공공 서비스가 될 수 있기 때문이다.

사이버 뮤지엄은 예술 감상의 방식만이 아니라 예술이 사회에 이바지하는 방법 또한 변화시킨다. 특히 사이버 뮤지엄은 교육, 복지, 지역 문화 등 다양한 분야에서 공간의 한계를 넘어선 확장성과 포용성을 보여 줄 수 있다.

교육 격차 해소

사이버 뮤지엄은 지역 · 환경에 따른 예술 교육 격차를 완화할 수 있는 교육 인프라로 기능할 수 있다.

학교/청소년 콘텐츠

사이버 뮤지엄은 언제 어디서나 접속 가능하다는 장점을 통해 초중고 교육에서 활용될 수 있다. 실제 작품을 보러 갈 수 없는 지역 학생들에게는 훌륭한 예술 체험 기회가 되고, 학습자 중심의 상호작용적 콘텐츠 구성도 가능하다. 또한 AI 기반 추천 시스템을 활용하면 개인 맞춤형 예술 교육이 가능해진다.

디지털 예술은 기초 교육을 받고 가정환경에 따라 많은 차이가 나는 예술을 공교육에서 평등하게 제공할 수 있다. 일례로 대전 서부초등학교에서는 VR 기반 플랫폼인 코스페이시스를 활용하여 초등학교 4학년 학생들을 대상으로 작품 창작과 전시 중심의 미술 수업을 개발·실행하였다(임지은, 2025). 정원여자중학교에서는 VR를 이용한 미술 감상 체험을 진행하고 감상기를 기록하는 수업을 진행했다. 학생들은 작가의 세계를 단순히 글로 배우는 것이 아니라 가상공간 안에서 몰입형으로 학습할 수 있다. AI 해설, 퀴즈, 미션 등의 참여형 요소를 추가하면 예술 교육이 더 풍부해진다.

교육 격차는 단지 학교의 수업 시간 안에서만 생기는 문제가 아니다. 어떤 자료를 접할 수 있는가(접근성), 누가 그 자료를 학습 경험으로 바꿔주는가(교사·콘텐츠), 학습자가 스스로 탐색할 수 있는가(자기 주도성)가 합쳐져 격차가 만들어진다. 사이버 뮤지엄은 자료 접근성과 탐색 가능성을 크게 넓힐 수 있다. 강인애(2010)는 가상 박물관이 교과서보다 풍부한 시각 자료와 검증된 정보를 제공함으로써, 학생을 무분별한 온라인 검색의 위험으로부터 보호하는 동시에 효과적인 학습 도구이자 학습 공간으로 기능할 수 있다고 보았다. 특히 시각 문화 중심의 미술 교육 맥락에서 가상 박물관은 작품 감상에 그치지 않고, 자료 수집·비교·결과물 공유로 이어지는 학습 커뮤니티로 확장될 가능성을 지닌다. 이현민·

김미수(2020)는 대학 온라인 수업에서 가상 박물관을 디지털 콘텐츠로 활용해 수업을 운영하고, 설문 · 성찰일지 · 결과물 분석을 통해 학습자 흥미와 동기, 학습 효과 향상 가능성을 제시한다. 이는 사이버 뮤지엄이 학습 자료 창고가 아니라 수업 설계의 일부로 들어갈 때 교육적 효용이 커진다는 점을 시사한다.

반복 학습/평생교육

사이버 뮤지엄의 교육적 장점은 반복에서 가장 분명해진다. 현실 뮤지엄은 재방문 비용이 크지만(이동 · 시간), 사이버는 재방문 비용이 적다. 따라서 하나의 전시를 여러 차례 나누어 보고(분절 학습), 작품을 비교하고(누적 학습), 자료를 다시 확인하는(복습) 구조를 만들기 쉽다. 국내 사이버 과학관 프로젝트 학습 연구에서도 사이버 과학관을 활용한 수업이 초등학생의 과학 학습 동기 향상에 효과가 있다(고유라 · 이석희, 2019). 이 결과는 미술관 · 박물관 영역에도 유사하게 적용될 수 있다. 즉 온라인 전시가 단발성 체험으로 끝나지 않고 수업(프로젝트)과 연결될 때 교육 효과가 커질 수 있다.

해외 연구에서도 가상 박물관을 학습 관점에서 평가하는 루브릭(평가 기준)을 제시했다. 사이버 뮤지엄이 학습을 촉진하려면 정보 구조, 상호작용, 학습 목표, 접근성, 학습자 지원 요소가 갖춰져야 한다고 분석한다(Daniela, 2020). 또한 VR 기반 교육과 전통적 교육을 비교한 체계적 문헌 고찰은 VR가 학습에 이바지할 수 있으나 비용 · 접근성 · 피로 · 설계 난이도 같은 조건을 함께 고려해야 함을 지적한다(Santilli et al., 2024).

평생교육을 위한 사이버 뮤지엄은 접근성을 최우선으로 하여 웹 · 모바일 중심의 저사양 구조를 기본으로 설계하고, 몰입형 경험이 요구되는 경우에 한해 VR를 보완적으로 제공하는 계층형 모델이 적합하다.

돌봄과 회복

사이버 뮤지엄은 기술로 만든 공간이지만, 그 기술은 사회를 연결하는 새로운 문화적 기반이 될 수 있다.

고령/이동 제한

기존의 전통 미술관은 장소성과 작품을 직접 보고 경험하고 사람들과 인적 교류가 있었다. 현재 사이버 뮤지엄은 작품을 보고자 하는 사람들에게 웹브라우저나 VR, AR, 큐레이터와 연결된 수화 기능 등 다양한 미디어를 통해 많은 이에게 예술을 전달한다. 우리는 방 안에 앉아서 뉴욕박물관을 거닐고 영국의 테이트 모던 미술관을 구석구석 들여다볼 수 있게 되었다. 비록 직접적 경험에 비해 부족할 수 있으나 이동이 어려운 물리적 · 지리적 환경에서 체험하기 힘든 이들에게 다양한 기회를 제공한다. VR 기기나 스마트폰만으로도 고품질의 전시를 체험할 수 있기 때문이다.

고령층, 만성질환자, 장애인, 돌봄 부담이 큰 보호자에게 뮤지엄에 가는 일은 생각보다 큰 장벽이 된다. 사이버 뮤지엄은 이 장벽을 낮추는 접속형 문화 복지가 될 수 있다. 핵심은 관람을 제공한다가 아니라 사람이 고립되지 않게 문화적 만남을 연결한다는 목적이다. 실제로 가상 · 온라인 뮤지엄 프로그램이 노년층의 웰빙에 이바지할 수 있음을 보여 주는 연구들이 축적되고 있다. 가상공간에서 뮤지엄 콘텐츠를 활용한 크리에이티브 에이징(creative aging) 프로그램은 비동기(녹화 · 자료 기반) 형태로도 운영할 수 있으며, 노년층의 웰빙과 참여를 촉진할 수 있다(Belgrave, 2023).

또한 팝업 VR 뮤지엄 사례 연구는 문화유산 기반 VR 경험을 시니어에게 제공하는 설계와 운영을 다루며, 기술보다 안전한 사용성, 안내, 피로 관리가 중요함을 보여준다(Vishwanath, G, 2023). 더 나아가 가상 뮤지엄 방문이 고립감 · 외로움 같은 문제에 개입할 수 있다는 연구 보도도 있다. 미술관의 디지털 가이드 투어가 노년층의 웰빙 개선과 외로움 감소에 도움이 될 수 있다는 결과가 보고되었다(Rejceck.P, 2022). 물론 모든 연구가 동일 조건에서 반복 검증된 것은 아니며 프로그램 설계(진행자, 상호작용, 지속 기간)에 따라 효과가 달라진다.

정서 지원 프로그램

문화 활동과 건강 · 웰빙의 연결은 사회적 처방(social prescribing) 논의에서 중요한 축이 되었다. 문화 · 유산 · 예술이 사회적 처방을 통해 건강과 웰빙을 지원할 수 있다는 정리 보고서는 뮤지엄 온 프리스크립션 등 다양한 프로젝트가 긍정적 영향을 가질 수 있음을 언급한다(Mughal R. et al., 2022). 사이버 뮤지엄은 이 흐름을 온라인으로 확장할 수 있다. 다만 온라인 정서 지원 프로그램이 효과를 내기 위해서는 전시가 아니라 프로그램이 중심이 되어야 한다.

예컨대 30분 감상과 20분 대화를 결합한 운영, 작품 기반 회상(옛 사진 · 생활사 유물), 감정 단어 카드(표현 훈련), 소규모 그룹의 지속적 만남(관계 유지) 같은 설계가 필요하다. 여기서 작품은 치료 도구가 아니라 말이 트이게 하는 매개로 작동한다. 또한 온라인에서는 피로(화면 피로, 음성 피로)가 크므로, 몰입 설계 원칙(미니멀 UI, 정지 가능한 장면, 텍스트 과잉 방지)을 복지 프로그램에도 적용해야 한다. 감정 회복은 강한 자극이 아니라, 안전하고 예측할 수 있는 리듬(빛 · 소리 · 속도 · 시간)에서 나온다고 볼 수 있다.

지역의 기억을 세계로 번역

지역 문화 확산의 도구로서 사이버 뮤지엄은 기존의 중심지 위주 전시 문화를 분산시킬 수 있다.

지역 작가/기록

소규모 지역 작가들의 작품도 사이버 공간에서는 동일한 접근성을 가질 수 있고, 지역 문화를 전 세계에 알리는 창구가 된다. 특히 지역 박물관, 문화재단, 청년 예술가들과 협업하여 디지털 전시 콘텐츠를 생산할 수 있다. 예를 들어 암태도와 양평처럼 지리적으로 떨어진 공간이 사이버상에서는 하나로 연결되며, 섬이나 시골 지역 주민들도 동일한 콘텐츠를 체험할 수 있어 지역 문화의 소외가 줄어들 수 있다.

지역 문화의 가장 큰 어려움은 작품이 없다가 아니라

기록이 흩어져 있다는 점이다. 개인 소장, 동네 신문, 구술, 사진, 행사 포스터, 작가의 작업 노트가 서로 연결되지 못한 채 사라지기 쉽다. 사이버 뮤지엄은 이런 자료를 한 자리에서 연결할 수 있는 구조를 제공한다. 여기서 중요한 것은 전시 업로드가 아니라 아카이브의 전시화다. 국내에서도 아카이브의 디지털 전시 활용 효과를 분석한 연구는 디지털 전시가 자료의 접근성을 높이고, 전시 서비스의 유형을 확장할 수 있음을 논의한다(최석현 외, 2013). 또한 디지털 아카이브 전시에서 관람자의 감정 반응(즐거움 등)이 몰입 · 만족을 통해 전시 성과에 영향을 줄 수 있다는 실증 연구도 있다(김인환 외, 2016).

즉 지역의 기억을 세계로 번역하려면 자료가 감상 경험으로 전환되는 디자인(스토리 · 주석 · 관계)이 필요하다. 작가가 작품 이미지를 공개하기 어렵다면 최소한 메타데이터(제목 · 연도 · 재료 · 전시 이력)와 작업 과정(스케치, 인터뷰, 제작 영상)을 단계적으로 공개하는 전략이 가능하다. 이렇게 기록이 쌓이면 지역 문화는 더 이상 행사가 끝나면 사라지는 것이 아니라 재방문 가능한 기억이 된다.

관광/교육 연계

사이버 뮤지엄이 지역 관광과 만날 때 중요한 원칙은 연결이다. 온라인이 방문 이전과 이후를 확장하는 방식(프리뷰-현장-복습)으로 설계할 때 동반 상승이 일어난다. 유럽의 디지털 문화유산 플랫폼 유로피나(Europeana)는 수천 개 기관의 디지털 자원을 검색·저장·공유할 수 있게 제공한다. EU 디지털 전략 문서에서도 유로피나를 책임 있는 관광과 혁신 관광을 위한 디지털 문화 컬렉션으로 설명한다. 이 모델은 지역 문화에도 중요한 힌트를 준다. 지역 단위의 자료라도 표준화된 메타데이터와 공유 구조가 있으면 외부 연구자·교육자·관광자가 발견(discovery)할 수 있는 길이 열린다.

유네스코(UNESCO)는 코로나19 시기 가상 뮤지엄/가상 투어가 더 넓은 관객을 초대하는 사례를 소개하며 디지털 전환의 필요를 강조했다. 즉 지역의 기억을 세계로 번역하는 일은 디지털 보존과 접근성(언어, 검색, 표준)의 문제다.

실행 모델은 다음과 같이 설계할 수 있다. 첫째, 지역 문화 코스(지도 기반)와 작품·유물 카드(메타데이터)를 결합한다. 둘째, 학교 수업 연계 워크시트를 제공해 현장 답사 전후의 학습을 연결한다. 셋째, 지역 주민 참여행 기록(사진 · 구술 · 사연 업로드)을 열되, 검수 체계를 포함한다. 넷째, 다국어 요약(최소 1페이지 지역 소개)을 제공해 접근성을 확장한다. 이때 사이버 뮤지엄은 관광 플랫폼이 아니라 지역 기억의 데이터베이스이며, 관광은 그 위에 올라가는 응용 서비스가 된다.

디지털 복원

작품을 디지털 복원하여 아카이브화하면 후세에도 작품의 손상에 영향을 받지 않고 작품을 원본 이상의 품질로 볼 수 있다. 많은 작가의 작품들이 작가 사후에 관리되지 않고 훼손되는 경우가 많다. 이름이 있는 작가뿐만 아니라 꾸준히 작업을 하는 예술가들의 작품을 디지털화하여 보존하는 것도 필요하다. 영국의 테이트 모던은 모딜리아니가 살아 있는 동안 머물렀던 작업실을 3D로 복원하였다. 관람자들에게 VR 전시를 진행한 사례는 관람자가 작가가 살았던 시기를 이해하고 그의 작품을 이해하는 데 도움을 준다. AI의 발전으로 인해 가상공간은 현실공간과 더욱 밀접해질 것이다.

참고문헌

고유라·이석희(2019). "사이버 과학관을 활용한 프로젝트 학습이

초등학생의 과학 학습동기와 과학에 대한 태도에 미치는 영향". 《수산해양교육연구》, 31(6), 1696~1707쪽.

국제박물관협의회(ICOM)(2022). Museum definition. https://icom.museum/en/resources/standards-guidelines/museum-definition/

김인환 외(2016). "디지털아카이브 전시장 관람객의 감정반응요인이 몰입과 만족을 통해 전시성과에 미치는 영향". 《디지털산업정보학회논문지》, 12(3), 181~204쪽.

이현민·김미수(2020). "온라인 교육을 위한 디지털콘텐츠 활용 수업 개발 및 운영 사례: 가상박물관을 중심으로". 《교양교육연구》, 14(4), 81~96쪽.

임지은(2025). "VR 디지털 매체를 활용한 미술교육의 방향성 탐색: 코스페이시스(CoSpaces)를 활용한 초등 미술수업 방안". 《미술과 교육》, 26(2), 159~188쪽.

최석현 외(2013). "아카이브의 디지털 전시 활용효과 분석". 《한국기록관리학회지》, 13(1), 7~33쪽.

Belgrave, M. et al.(2023). Creative aging in virtual spaces: using museum content and music therapy to explore cultural diversity. *Frontiers in Medicine, 10.* https://www.frontiersin.org/journals/medicine/articles/10.3389/fmed.2023.1273000/full

Culture, Health & Wellbeing Alliance(2018). Museums as Spaces for Wellbeing: A second report. https://www.artsandhealth.ie/research-evaluation/museums-as-spaces-for-wellbeing/

Daniela, L.(2020). Virtual museums as learning agents. *Sustainability, 12*(7), 2698. https://www.mdpi.com/2071-1050/12/7/2698

European Commission. The Europeana platform: Shaping

Europes digital future. https://digital-strategy.ec.europa.eu/

Mughal R. et al.(2022) How Arts, Heritage and Culture can support health and wellbeing through social prescribing. NASP.

Rejceck, P.(2022). A virtual trip to the museum can improve the health of seniors stuck at home. Frontiers. https://www.frontiersin.org/news/2022/08/16/frontiers-medicine-virtual-museum-visit-lonely-elderly

Santilli, T. et al.(2024). Virtual vs. traditional learning in higher education: A systematic review of VR-based teaching. *Computers & Education.* https://www.sciencedirect.com/science/article/pii/S0360131524002288

Tate. Modigliani VR: The ochre atelier. https://www.tate.org.uk/whats-on/tate-modern/modigliani/modigliani-vr-ochre-atelier

UNESCO(2020/2023). Museums around the world in the face of COVID-19. https://unesdoc.unesco.org/ark:/48223/pf0000373530

Vishwanath, G.(2023). Enhancing engagement through digital cultural heritage: A case study about senior citizens using a virtual reality museum. In Proceedings of the 2023 ACM International Conference on Interactive Media Experiences (IMX '23) (pp.150~156). Association for Computing Machinery. https://doi.org/10.1145/3573381.3596154

09
운영과 수익 모델

사이버 뮤지엄 운영의 성패는 전시 콘텐츠가 끊기지 않게 돌아가는 업데이트 구조와 구조를 지탱하는 수익 조합에 달려 있다. 특히 AI가 운영 전반에 개입하는 환경에서는 자동화 · 추천 · 데이터 분석이 효율을 높이는 동시에, 권리 · 윤리 · 검증 책임을 새롭게 요구한다. 이 장은 사이버 뮤지엄의 운영이 멈추는 구조적 병목을 짚고 AI 시대에 지속 가능한 수익 모델의 조합 조건을 정리한다.

AI와 기자?

지속 가능성을 위한 구조

사이버 뮤지엄이 중단되는 이유는 대개 의지 부족이 아니라 구조적 병목이다. 병목은 주로 예산, 인력, 권리, 기술, 그리고 성과 지표의 설계에서 발생한다.

예산과 인력의 편중

현실 전시는 개막·폐막 중심으로 예산과 인력이 집중된다. 반면 사이버 뮤지엄은 업데이트가 끝나지 않는 사업에 가깝다. 메타데이터 정비, 파일 포맷 유지, 링크 점검, 오류 수정, 해설 보강은 상시로 요구된다. 제작비만 배치하고 유지 관리 인력을 비워두면 운영은 쉽게 멈춘다.

권리(저작권) 정리 지연

온라인에서 권리는 곧 열람 범위다. 공개 가능한 해상도, 2차 활용 가능 여부, 교육 목적 사용 범위가 명확하지 않으면 게시 자체가 지연되고, 지연은 곧 업데이트 중단으로 이어진다. 운영 단계에서 권리 표준(계약 조항, 표시 문구, 이용 범위)을 먼저 정리해야 한다.

기술 스택(technology stack) 과잉

기술 스택은 하나의 디지털 서비스가 작동하기 위해 필

요한 프론트엔드 · 백엔드 · 인프라 · 도구 전반의 기술 구성이다. 사이버 뮤지엄의 기술 스택은 고성능 구현보다 재방문과 기록의 지속성을 우선하는 방향으로 구성되어야 한다. CMS, 데이터베이스, 뷰어가 분리되어 있고 메타데이터와 콘텐츠가 재활용 가능한 구조일수록 운영은 지속될 수 있다.

성과 지표(KPI)의 단기성

온라인 전시가 업로드에 머무는 이유는 기술의 한계보다 성과 지표(KPI) 설계에 있다. 콘텐츠 수, 조회수, 행사 횟수와 같은 단기 산출물 중심의 지표는 업데이트, 정비, 권리 정리와 같은 운영 업무에 예산과 인력을 배정하기 어렵게 만든다. 엄태용(2021)은 박물관 통계 지표를 ISO 18461:2016 관점에서 재검토한 연구를 통해, 무엇을 측정하는가가 기관의 운영 방향을 결정한다는 점을 강조한다. 이는 성과 측정 지표가 중립적인 수단이 아니라 기관이 무엇을 가치로 삼는지를 드러내는 정책적 선택임을 시사한다.

최소 운영 조건

사이버 뮤지엄을 기관으로 보이게 만드는 최소 조건은

거창한 프로젝트가 아니라 반복 가능한 운영 루틴이다.

콘텐츠 파이프라인

기획-제작-검수-게시-기록-유지 관리의 순서를 문서화하고, 누가 어느 단계에서 결정을 내리는지(승인권자)를 고정해야 한다. 해설 · 태그 · 이미지 · 링크 · 권리 표기는 파이프라인 안에서 자동 체크리스트로 관리하는 편이 현실적이다.

역할 분리(작게라도)

최소한 편집(전시 · 콘텐츠)과 아카이브(메타데이터 · 기록) 역할은 분리되어야 한다. 제작과 운영이 한 사람에게 집중되면 업데이트는 늦어진다. 소규모 조직일수록 주기적인 업데이트 리듬을 고정하는 것이 지속성을 만든다.

업데이트의 단위 설계

운영은 큰 개편이 아니라 작은 업데이트의 누적에서 신뢰가 생긴다. 작품 카드의 정보 정리, 해설 보강, 링크 연결, 관련 자료 추가 같은 작은 업데이트가 반복될 때 아카이브성과 기관성이 형성된다. 최석현 외(2013)는 아카이브의 디지털 전시 활용 효과를 분석한 연구에서 디지털 전시는 자료 접근과 서비스 유형을 확장하고, 전시 경험을 강화할 수 있다고 보았다. 이는 업데이트가 단순 유지 보수가 아니라 전시를 자산으로 만드는 방식으로의 가능성을 보여 준다.

조합형 지속 조건

사이버 뮤지엄의 수익을 하나의 모델로 고정하기는 어렵다. 다양한 수입원을 작은 규모로 묶어 운영비의 바닥을 만들고, 프로젝트 단위로 확장하는 방식이 현실적이다. 디지털 전환이 진행됨에 따라 박물관들은 온라인에서 방문객과 수익을 창출하기 위한 다양한 전략을 도입하고 있다(Richardson, 2024).

전시 대관

기본 축은 전시 대관이다. 작가 · 예술 단체 · 교육 기관에 일정 기간 전시관(혹은 전시 템플릿)을 제공하고, 운영 지원(업로드, 기본 해설, 관람 동선)을 패키지로 구성한다. 대관 모델의 핵심은 공간 임대가 아니라 업데이트 가능한 전시 운영 서비스를 제공하는 데 있다.

구독·멤버십

구독은 운영의 안정성을 만든다. 기관 구독(학교 · 도서관 · 문화재단 · 복지 기관)과 개인 멤버십(후원형)을 분리하는 편이 효과적이다. 기관 구독에는 교육 자료, 수업용 코스, 워크시트, 저사양 모드, 운영 리포트 같은 사용 근거가 포함되어야 한다. 개인 멤버십은 콘텐츠 접근권보다 관계 유지(정기 라이브, 큐레이터 노트, 신작 알림, 기록 보관함)에서 가치가 생긴다.

교육 프로그램(기관·학교 연계)

교육은 수익이면서 동시에 재방문을 만든다. 콘텐츠를 전시 모드(몰입 우선)와 수업 모드(자료/미션/퀴즈/기록 우선)로 나누면 운영 효율이 높아진다. 이보람(2025)은 AI 기반 큐레이션을 디자인싱킹 관점으로 다룬 연구에서 AI는 단순 추천이 아니라 경험 시나리오의 프로토타입과 검증을 돕는 도구가 될 수 있다고 강조한다.

온라인 쇼핑 연동(작품·굿즈·디지털 상품)

가치가 교환되는 지점은 감상 → 구매의 흐름을 설계할 때 작동한다. 박물관은 멤버십 구독(48.4%)과 온라인 굿즈 숍(40.6%) 등 정기 · 전자상거래 모델이 수익 다양화에 기여하고 있다(Richardson, 2024). 작품 구매 연동(스마트 스토어 · 자체몰 · 해외몰), 굿즈 코너(엽서 · 포스터 · 도록), 디지털 상품(도록 PDF, 인터뷰 영상, 강의, 디지털 프린트)을 통합해 전시의 여운이 소유/후원으로 이어지는 경로를 만든다. 이때 과잉 노출은 몰입을 해치므로, 감상 구간에서는 구매 UI를 최소화하고, 관람 종료 이후에 자연스럽게 제안하는 방식이 바람직하다.

콘텐츠 2차 활용(미디어·교육·라이선스)

전시는 전시로 끝나지 않는다. 전시 제작 과정, 작가 인터뷰, 큐레이터 토크, 해설 클립을 유튜브/숏폼/온라인 강의로 재가공하면 광고 수익과 유입을 동시에 만든다. 다만 2차 활용은 권리 범위가 선행 조건이므로 계약 단계에서 홍보/교육/상업의 이용 범위를 구획해야 한다.

기업 협력·스폰서십

기업 협력은 제작비를 확보하는 방식으로 설계해야 한다. 특정 전시 · 특정 프로그램 단위로 후원을 매칭하고, 기업 로고 노출은 감상 구간을 침범하지 않는 방식(엔딩 크레디트, 후원 페이지, 프로그램 소개 페이지)으로 제한하는 편이 뮤지엄의 신뢰를 지킨다.

NFT 등 디지털 소유의 정치 경제

NFT/디지털 한정판은 가능성은 있으나 신뢰 · 법적 이슈 · 시장 변동성이 함께 온다. 따라서 초기에는 디지털 소유보다 디지털 후원에 가까운 형태(한정판 파일+기록성+후원 인증)로 작은 규모로 실험하고, 공개 정책과 권리 설계를 먼저 고도화하는 편이 안전하다.

AI 검증·권리·윤리 설계

AI는 반복 업무를 줄여 운영 효율을 높일 수 있다. 그러나 AI 도입이 곧바로 좋은 서비스로 이어지지는 않는다. 사이버 뮤지엄이 문화 기관으로서 신뢰를 얻기 위해서는 AI를 자동화가 아니라 검증 가능한 운영 체계 속에 묶어야 한다.

AI가 맡길 수 있는 영역

요약, 전사(자막), 태깅, 번역, 유사 작품 연결, 이용 로그 기반 리포트는 AI가 효율을 만들기 쉬운 영역이다. 이는 사람의 시간을 검수 · 권리 · 편집에 집중시키기 위한 도구로 쓰는 것이 적절하다.

해설의 검증 구조

AI 해설은 반드시 ① 출처(도록/논문/인터뷰/기관 DB), ② 버전/수정 이력, ③ 최종 검수 주체를 갖춰야 한다. 그래야 오류와 편향이 생겨도 고칠 수 있고, 고친 기록이 신뢰를 만든다.

추천·정렬의 투명성

추천은 관람자의 시선을 바꾼다. 따라서 왜 이 경로가 제시되었는가를 짧게 설명하는 기능이 있어야 AI가 권위가 아니라 도구가 된다. 또한 추천을 끄거나 랜덤 산책으로 전환하는 선택권을 제공해야 자율성이 유지된다.

권리와 윤리

AI가 쓰는 데이터(이미지 · 텍스트 · 음원)의 권리는 언제든 분쟁으로 이어질 수 있다. 최소한 학습/생성/게시/2차 활용 단계별로 권리 체크가 분리되어야 하며, 공개범위(무료/유료/회원/기관)를 명시하는 정책 문서가 필요하다.

참고문헌

엄태용(2021). "국내 박물관 통계지표의 개선에 관한 연구: ISO

18461:2016을 중심으로". 《문화정책논총》, 35(3), 65~121쪽.
이보람(2025). "디자인씽킹을 활용한 박물관의 AI 기반 전시 큐레이션 서비스 혁신 연구". 《비즈니스융복합연구》, 10(2), 231~240쪽.
최석현 외(2013). "아카이브의 디지털 전시 활용효과 분석". 《한국기록관리학회지》, 13(1), 7~33쪽.
Richardson, J.(2024). How museums are boosting online revenue in 2024. MuseumNext. Retrieved from https://www.museumnext.com/article/how-museums-are-boosting-online-revenue-in-2024

10
AI 웹 플랫폼으로서의 미래

사이버 뮤지엄은 전시를 넘어 기록과 학습, 협업이 순환하는 웹 플랫폼으로 진화하고 있다. 이 장은 사이버 뮤지엄의 미래를 세 가지 축에서 정리한다. CMS 기반 운영 구조, 인용 가능한 디지털 아카이브, 그리고 예술 · 교육 · 산업을 연결하는 거점이다. 이 세 요소는 사이버 뮤지엄이 일회성 전시 사이트를 넘어 지속 가능한 문화 플랫폼으로 기능하기 위한 조건이다.

AI와 미래 의사?

사이버 뮤지엄의 확장성과 통합성

사이버 뮤지엄은 단순한 가상 전시 공간이 아니다. 점차 하나의 통합 웹 플랫폼으로 진화하고 있다. 전시와 기록, 교육과 유통, 큐레이터-작가-관람자의 상호작용이 한 시스템 안에서 연결된다. 이 복합 구조는 전통 뮤지엄의 경계를 넘어서는 새로운 문화 기관의 형태를 제안한다.

웹 플랫폼으로서의 사이버 뮤지엄은 지속적인 콘텐츠 갱신이 전제다. 콘텐츠는 주기적으로 업데이트 되고, UI/UX는 감상 흐름에 맞춰 조정된다. 기능은 사용자 피드백에 따라 점진적으로 진화한다.

온라인 전시에 관한 국내 연구도 이 지점을 보여 준다. 온라인 전시는 체험 유형과 참여 방식에 따라 사용자 참여도와 몰입이 달라지며, 이는 관람 만족도에 유의미한 영향을 미친다(신원 · 윤재영, 2023). 즉 플랫폼의 성패는 전시 이미지의 질만으로 결정되지 않는다. 관람자가 '어떻게 들어오고, 어떻게 머물고, 무엇을 남기고, 어디로 이동하는지'라는 경험의 흐름이 만족을 좌우한다.

CMS 기반 운영 구조

사이버 뮤지엄이 전시 사이트에 머무는 가장 흔한 이유는 콘텐츠가 프로젝트 단위로 제작되고, 시간이 지나면서 링크가 끊긴다. 설명이 업데이트되지 않는 경우가 생기는 이유다. 이때 필요한 것이 CMS(Content Management System) 기반의 플랫폼 구조다.

CMS는 웹사이트 내용을 코딩 없이 관리 · 업데이트할 수 있게 해 주는 관리 시스템이다. 공지 업로드와 수정이 가능하고 이미지 · 영상 업로드, 메뉴 구조 변경이 가능하다. 역할 기반 협업(작성 · 편집 · 승인)도 가능하다. 검색 최적화를 위한 제목 · 태그 · 분류(메타데이터) 부여도 가능하다.

CMS는 단순히 글을 올리는 도구가 아니다. 작품(Artwork), 전시(Exhibition), 교육(Education), 프로그램(Program), 기록(Archive)을 콘텐츠 유형으로 정의한다. 그리고 항목 간 연결을 데이터 구조로 만든다. 하나의 작품은 전시 이력과 연결된다. 전시 페이지는 참고문헌과 세미나 영상과 연결된다. 교육 페이지는 워크시트와 난이도 정보와 연결된다. 이렇게 되면 전시는 사라져도 기록은 남는다. 기록은 다시 학습 콘텐츠로 재사용된다.

운영자 워크플로와 AI의 역할

플랫폼의 지속 가능성은 기술 자체보다 운영자의 워크플로에 달려 있다. 운영자는 저작권과 열람 범위를 확인하고, 출처를 명확히 표기하며, 수정 이력을 관리하고, 이용자의 질문과 피드백을 반영한다. 이러한 과정이 과도하게 복잡해질 경우 업데이트는 중단되기 쉽다. 따라서 워크플로는 콘텐츠를 쉽게 올릴 수 있는 효율성과 신뢰를 유지하는 관리 기준을 동시에 충족해야 한다.

실무적으로는 입력 정보를 두 층으로 나누는 방식이 유효하다. 1층은 필수 정보다. 작품명, 연도, 재료, 출처 · 권리, 요약이다. 2층은 확장 정보다. 심화 해설, 참고문헌, 관련 링크, 연관 작품이다. 이 구조는 운영 부담을 줄이면서도 품질을 확보한다. 플랫폼은 안정적인 시스템이어야 한다.

여기서 AI는 운영자의 시간을 되돌려주는 도구로 작동할 수 있다. 요약을 돕고, 태깅을 보조하며, 자막 · 전사와 번역 같은 반복 업무를 빠르게 처리해 준다. 다만 최종 검증과 책임은 사람에게 남겨야 한다.

파딜라와 테일러(Padilla & Thaler, 2024)는 박물관에서 AI 활용이 점차 확산되고 있음을 언급하면서, 단순한 기술 도입을 넘어 데이터와 결과물에 대한 검토 체계, 책임 기준, 내부 가이드라인을 함께 설계해야 한다고 강조한다. 또한 유네스코 인공지능 윤리 권고를 해설한 자료에는 AI 활용이 확대될수록 투명성, 책임성, 인간의 감독 같은 원칙이 운영의 전제 조건이 되어야 한다고 설명한다(이상욱, 2021).

검색·열람·인용이 가능한 디지털 아카이브

• 작품 ID와 영구 링크: 작품 ID는 같은 작품이 여러 전시에 등장하고 설명이 업데이트되고 관련 자료(인터뷰, 비평, 보존 기록)가 축적될 때, 하나의 작품을 일관되게 추적하게 해 주는 기준점이다. 영구 링크(permalink)는 논문이나 수업 자료에서 인용하고 기사와 SNS에서 링크로 공유할 수 있다. 즉 작품 ID와 영구 링크는 플랫폼이 기억을 보존하는 방식이다.

메타데이터와 버전 관리

아카이브가 신뢰를 얻으려면 정보가 정확하다는 전제가 필요하다. 이를 떠받치는 것이 메타데이터와 버전 관리다. 출처(소장처 · 촬영자 · 자료 제공자)와 권리(열람 · 다운로드 · 2차 사용 범위)를 포함한다. 전시 이력과 참고문헌도 포함한다. 이 구조가 갖춰질수록 아카이브는 설명 텍스트가 아니라 인용 가능한 자료에 가까워진다.

박라미 외(2025)는 비전자기록물의 디지털화 과정에서 진본성과 이용 가능성을 보장하기 위한 메타데이터 설계를 구체적으로 제안한다. 이 연구는 병적 기록물을 유형화한 뒤, 외관 · 구조 · 내용 · 맥락을 필수 보존 속성으로 도출하고, 이를 기반으로 관리 메타데이터와 접근 · 사용 제한 관리, 설명 메타데이터, 기술 메타데이터를 구분한 기본 스키마를 설계한다. 이러한 설계 관점은 사이버 뮤지엄에서도 작품 정보를 감상 문장에만 두지 않고, 장기 관리와 재사용을 가능하게 하는 운영 정보로 함께 다루는 방식으로 확장해 적용할 수 있다.

메타데이터는 상호 운용성 문제와도 연결된다. 플랫폼이 커질수록 외부 기관과 데이터 교환과 연계가 필요해진다. 이때 표준 간 매핑과 공통의 분류 관점이 없으면 연결은 쉽게 끊긴다. 기록 관리 메타데이터 표준을 5W1H와 태스크 모델의 관점에서 분석한 연구는, 서로 다른 표준 요소들을 개별 항목으로 나열하기보다 업무 수행 과정(태스크)과 사건 기술 방식(5W1H)이라는 두 개의 틀로 재구성할 것을 제안한다. 이 연구는 메타데이터 요소들을 '누가, 언제, 어디서, 무엇을, 왜, 어떻게'라는 사건 서술 구조와 실제 업무 흐름에 대응시켜 매핑함으로써, 기록 기술과 기록 관리 사이의 단절을 줄이는 방법을 제시한다(백재은 · 스기모토 시게오, 2012). 따라서 표준은 단일 규격이라기보다 서로 다른 스키마를 연결하고 번역하는 장치로 이해할 필요가 있다.

버전 관리는 설명의 변경을 결함으로 보지 않고, 수정의 맥락을 기록함으로써 아카이브의 신뢰를 강화하는 방식이다. 사이버 뮤지엄의 텍스트는 고정된 안내문이 아니라 연구와 해석의 축적에 따라 갱신되는 살아 있는 문서이며, 최근 기록 기술 표준 논의 역시 이러한 관계적·맥락적 기록 방식을 강화하는 방향으로 전개되고 있다(박지영, 2016; 2017).

상호 운용과 연결

아카이브가 커지면 이미지와 메타데이터의 상호 운용을 위해 IIIF 같은 국제 프레임워크가 활용된다. 유럽 문화유산 플랫폼인 유로피나 역시 집적과 검색을 통해 문화 데이터의 유통 구조를 만든다. 사이버 뮤지엄이 플랫폼이 되려면 보여주기뿐 아니라 연결하기를 설계해야 한다.

국내에서도 연계 모델링의 실험이 진행되고 있다. 국채보상운동 디지털 아카이브 기록물을 위키 데이터와 연결해 활용성을 높이려는 연구는 기록물 메타데이터를 지식그래프 환경과 접속시키는 방식이 관련 정보의 탐색과 확장을 가능하게 한다는 점을 보여 준다(도슬기·박희진, 2023).

이 방식은 사이버 뮤지엄의 작품 ID와 영구 링크 체계와도 자연스럽게 이어진다. 작품에 안정적인 식별자와 링크가 붙는 순간, 링크는 단순한 이동 경로가 아니라 외부 지식 · 외부 컬렉션으로 확장되는 장치가 된다.

예술·교육·산업을 연결하는 거점

사이버 뮤지엄은 전시 플랫폼을 넘어 예술 생산과 교육, 지역 기반 프로젝트를 연결하는 문화적 허브로 확장될 수 있다.

교육 콘텐츠/지역 프로젝트

사이버 뮤지엄이 플랫폼으로 전환될 때 가장 먼저 확장되는 영역은 교육이다. 전시 자료가 축적되면 관람은 단발 체험을 넘어 반복 학습으로 전환되며, 학교 교육과 평생교육을 연결하는 지속적 문화 기반으로 기능할 수 있다. 또한 지역 프로젝트는 사이버 뮤지엄의 사회적 의미를 구체화하는 핵심 영역이다. 이때 중요한 것은 표준화된 기록 구조와 접근성, 검색 가능성, 다국어 요약, 영구 링크를 통해 지역의 기억을 지속 가능한 아카이브로 전환하는 일이다.

디지털 아카이브를 기억화의 체계로 설계하기 위해

기록의 부족과 단절을 해결하기 위해 디지털 라키비움(Larchiveum) 구축을 제안한다.

라키비움(Larchiveum)은 도서관 · 기록관 · 박물관의 기능을 통합하여 수집-보존-연구-전시-교육-서비스를 하나의 구조로 제공하는 복합 지식 문화 플랫폼이다. 이 모델은 열람 · 아카이브 · 전시를 동일 동선에서 경험하게 함으로써 지식의 맥락적 이해를 돕고, 연구 · 전시 · 교육의 선순환 제작 체계를 구축한다.

남영주(2024)는 합천 원폭자료관 사례를 통해 소장 자원의 부족과 전시 편중을 디지털 라키비움으로 극복하는 방안을 제시한다. 그는 피해 사실-범죄 행위-해결 노력-재발 방지 노력 등 주제 축으로 디지털 아카이브 컬렉션을 조직하고, 이를 전시 · 교육 콘텐츠로 직결함으로써 기억의 공공성과 기관 정체성을 강화할 수 있다고 논증한다. 라키비움은 이러한 통합적 프레임을 통해 지역 지식 생태계의 허브로 기능하며, 디지털 전환-오픈 액세스-기관 간 연동을 기반으로 공공 문화 서비스를 미래형으로 확장한다. 이 논의는 지역 기반 사이버 뮤지엄과도 접점이 크다.

즉 교육과 지역 프로젝트는 사이버 뮤지엄을 소비되는 콘텐츠가 아니라 사용되는 인프라로 만든다. 플랫폼의 성장은 조회수보다 사용성에서 나타난다. 수업 적용이 늘어나는가, 재방문이 생기는가, 인용이 발생하는가, 자료 활용이 확장되는가. 이 지표가 플랫폼의 미래를 결정한다.

창작자·기관·기업 협업

사이버 뮤지엄의 미래는 협업에서 열린다. 창작자는 작품과 서사를 제공한다. 기관은 보존 · 연구 · 공공성의 기준을 제공한다. 기업은 기술 · 유통 · 지속 재원을 제공할 수 있다. 이 세 주체가 만날 때 사이버 뮤지엄은 예술 · 교육 · 산업을 연결하는 거점이 된다.

그러나 협업은 자동으로 좋은 결과를 만들지 않는다. 공공성과 상업성의 균형 문제가 생기고, 권리와 책임의 분배 문제가 생기며, 데이터의 소유와 활용 범위도 곧 갈등의 지점이 된다. 그래서 플랫폼은 기술 이전에 정책을 필요로 한다. 무엇을 공개할지 정해야 하고, 무엇을 유료로 할지 정해야 하며, AI가 만든 해설을 어떤 방식으로 표기할지도 결정해야 한다. 추천과 정렬이 어떤 기준으로 작동하는지 설명할 수 있어야 하고, 이용자가 그 작동 방식을 이해할 수 있는 언어도 마련되어야 한다.

또한 유네스코의 AI 윤리 권고를 해설한 자료는 AI 활용이 확대될수록 투명성, 책임성, 인간의 감독 같은 원칙이 운영의 전제 조건이 되어야 한다고 설명한다(이상욱, 2021). 결국 AI를 업무 흐름에 포함시키는 논의도 도구를 도입하는 문제로 끝나지 않고, 공개 범위 · 표기 방식 · 검증 절차 · 책임 주체를 명확히 하는 운영 정책과 결합될 때 비로소 실효성을 갖는다.

AI는 사이버 뮤지엄에서 협업을 자동화하기보다 기록을 정리 · 연결함으로써 협업의 지속을 돕는 도구로 활용될 수 있다. 다만 그 전제는 투명성과 신뢰이며, 기술은 관계를 대체하지 않고 관계가 이어질 수 있는 구조를 보조하는 역할에 머물러야 한다.

이 책은 사이버 뮤지엄을 기술의 유행이 아니라 감상 · 기록 · 학습 · 협업의 방식이 재편되는 문화적 전환으로 이해한다. 사이버 뮤지엄이 플랫폼으로 진화한다는 것은 전시가 남고 인용되며, 사람들이 다시 돌아오는 구조를 만드는 일이다. 결국 미래의 사이버 뮤지엄은 어디에 있는가보다 어떻게 관계를 만들고 지식을 축적하는가로 평가될 것이다. AI는 그 과정의 속도를 높일 수 있지만, 그 방향을 결정하는 것은 여전히 인간의 선택—공공성, 자율성, 윤리—에 달려 있다.

참고문헌

강일용(2019.7.16). "AI 활용한 문화유산 보존, MS가 앞장선다". 아주경제. https://www.ajunews.com/view/20190716143228987

국립아시아문화전당. "라키비움". 국립아시아문화전당 웹진. https://www.acc.go.kr/webzine/index.do?article=203

남영주(2024). "한국인 원폭 피해 사실의 기억화를 위한 디지털 아카이브 구축 방안: 합천원폭자료관 소장 기록물을 대상으로". 《한국과 세계》, 6(4), 605~632쪽.

도슬기·박희진(2023). "국채보상운동 디지털 아카이브 기록물의 활용을 위한 위키데이터 연계 방안에 대한 연구". 《한국기록관리학회지》, 23(2), 95~115쪽.

박라미 외(2025). "병적기록물 디지털화를 위한 메타데이터 설계 방안 연구: G지방병무청 사례를 중심으로". 《기록학연구》, 86, 73~127쪽.

박지영(2016). "차세대 기록물 기술표준에 관한 연구: ICA EGAD의 Record In Context를 중심으로". 《한국기록관리학회지》, 16(1), 223~245쪽.

박지영(2017). "ISAD(G)에서 RiC-CM으로의 전환에 관한 연구". 《한국기록관리학회지》, 17(1), 93~115쪽.

백재은·스기모토 시게오(2012). "메타데이터 상호운용성을 위한 기록관리 메타데이터 표준 분석: 5W1H와 태스크 모델의 관점에서". 《기록학연구》, 32, 127~176쪽.

신원·윤재영(2023). 온라인 전시에서 사용자의 참여도와 몰입도가 관람 만족도에 미치는 영향. 디자인학연구, 36(1), 247~262.

이상욱(2021). 《유네스코 인공지능(AI) 윤리 권고 해설서: 인공지능 윤리 이해하기》. 유네스코한국위원회.

Padilla, M., & Thaler, J.(2024.9.9). Cultivating AI: Developing AI guidelines and literacy resources at the Carter. Center for the Future of Museums Blog, American Alliance of Museums. https://www.aam-us.org/2024/09/09/cultivating-ai-developing-ai-guidelines-and-literacy-resources-at-the-carter

고진예

디지털 전시와 시각 커뮤니케이션을 연구·기획하는 예술이론 연구자이자 독립 출판사 희종 대표. 대학에서 디지털 디자인과 문화예술·예술공학을 전공했고, 상명대학교에서 조형예술학(미술이론) 박사학위를 받았다. 주요 연구로 〈디지털 게임의 미학적 탐구: 디지털 게임의 예술성과 미적 체험에 관한 연구〉가 있다. 인천직업능력교육원·인천상공회의소·인하대학교 등에서 디지털 디자인과 인포그래픽 디자인을 강의했고 전시와 출판 프로젝트를 기획·제작해 왔다. 저서로 《6살 남자아이에게 가족이 생기다》(2024), 《서용선의 일상을 따라나서다》(2025), 《가족이 되어줘》(2026) 등이 있다.